HISTOIRE

DE L'UNIVERSITÉ DE PARIS.

PARIS. IMPRIMERIE DE DUCESSOIS.

5 quai des Grands-Augustins. (Près le Pont-Neuf.)

HISTOIRE

DE L'UNIVERSITÉ

DE PARIS,

PAR CHARLES RICHOMME,

RÉDACTEUR EN CHEF
DE LA GAZETTE SPÉCIALE DE L'INSTRUCTION PUBLIQUE.

PARIS.

A LA LIBRAIRIE CLASSIQUE ET D'ÉDUCATION

DE JULES DELALAIN ET Cie.,

Rue des Mathurins-Saint-Jacques, 5.

MDCCCXL

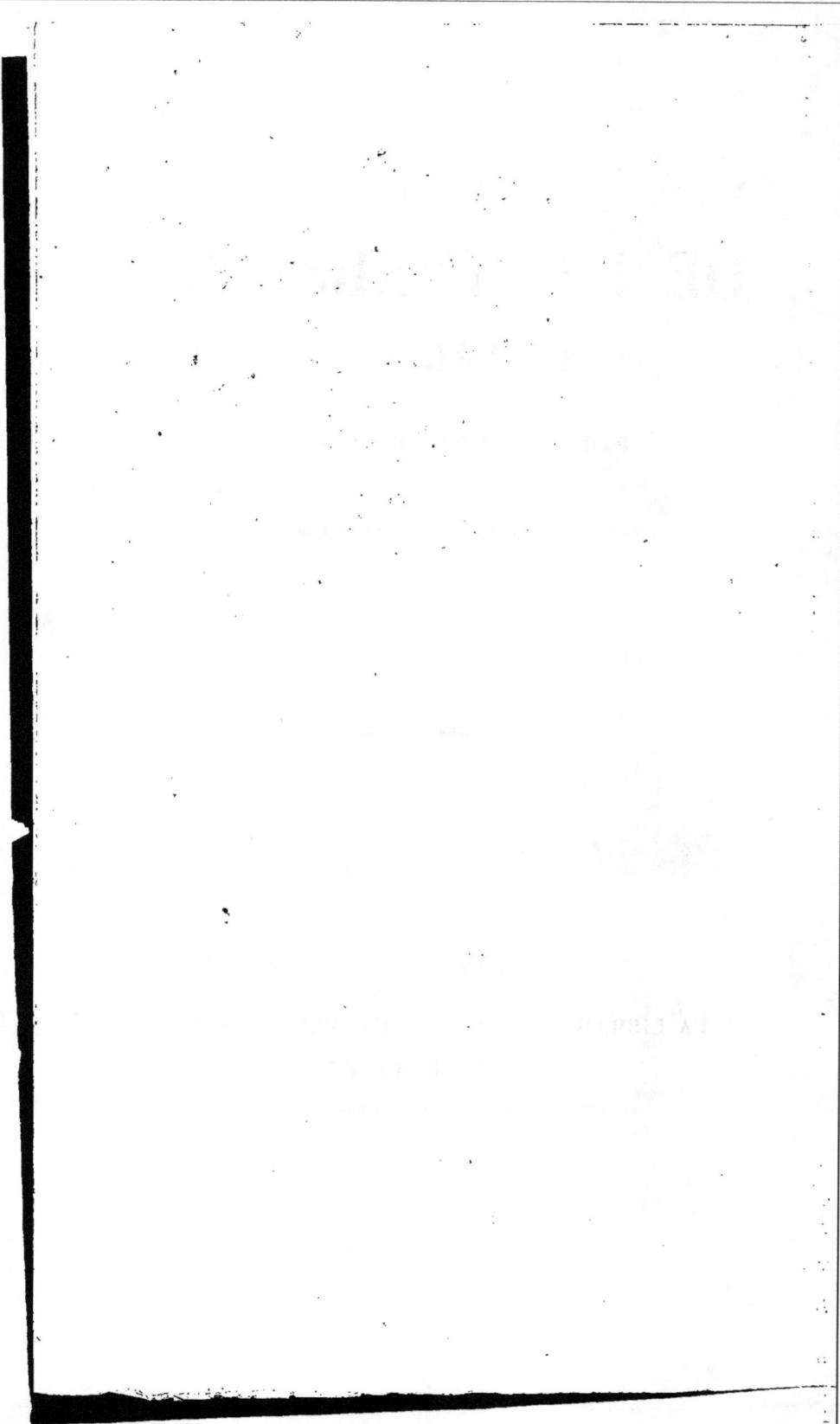

L'un des savants les plus respectables du dix-septième siècle, César Duboullai (*Bulœus*), publia en
six volumes *in-folio* , de 1665 à 1673, une histoire de
l'Université de Paris écrite en latin. Cent ans après,
Crévier en donna une espèce de traduction abrégée,
en sept volumes. Enfin, en 1829, M. Eugène Dubarle, avocat à la cour royale de Paris, fit paraître
en deux volumes, un ouvrage sur le même sujet.
Il ne nous appartient pas de discuter ici le mérite
de ces différents travaux. Mais nous avons cru qu'en
profitant des recherches de nos devanciers, et en les
disposant sur un plan moins vaste et plus métho-
dique, nous pourrions donner aux membres du corps
enseignant, à la jeunesse des écoles et des colléges un
livre qui ne serait point sans intérêt. L'Université de

Paris a joué un si grand rôle pendant près de sept cents ans, son histoire est si intimement liée à celle de la France, que les annales de cette illustre compagnie nous ont semblé devoir être accueillies avec faveur, dans un moment surtout où la nouvelle Université, arrivée au plus haut point de splendeur et de prospérité, n'a rien à redouter des plus glorieux souvenirs. C'est de plus un acte de justice. Les immenses services rendus à la civilisation par le corps enseignant n'ont pas toujours été à l'abri d'odieuses accusations. En lisant l'histoire de l'Université, on pourra juger combien sont injustes la plupart de ces attaques.

Juin 1840.

INTRODUCTION.

I

**Tableau littéraire de la Gaule avant et pendant
la domination romaine.**

De toutes les races humaines, la race gallique a été
la plus perfectible et , comme dit Strabon , la plus
susceptible de culture et d'instruction littéraire. On est
frappé surtout, dès l'abord , de l'instinct rhéteur et
de ce vague désir d'apprendre qui prédominent chez
les Gaulois. « Leur plus grand plaisir, après celui de
se battre, c'était d'entourer l'étranger, de le faire as-
seoir bon gré mal gré avec eux, de lui faire dire les
histoires des terres lointaines. Ces barbares étaient in-
satiablement avides et curieux ; ils faisaient la *presse*
des étrangers, les enlevaient des marchés et des routes,
et les forçaient de parler. Eux-mêmes parleurs terri-
bles, infatigables, abondants en figures, solennels et
burlesquement graves dans leur prononciation gut-
turale , c'était une affaire dans leurs assemblées que
de maintenir la parole à l'orateur au milieu des in-
terruptions. Il fallait qu'un homme, chargé de com-
mander le silence, marchât l'épée à la main sur l'in-

1

terrupteur ; à la troisième sommation, il lui coupait un bon morceau de son vêtement, de façon qu'il ne pût porter le reste [1]. »

Un tel peuple devait nécessairement modifier son génie et subir les influences extérieures. « Toutes les races du monde, dit un historien moderne, ont contribué à doter cette Pandore. » Les druides , à la fois prêtres et instituteurs ; commencèrent la culture morale de la Gaule. Ils avaient de nombreux colléges , à Dreux, à Autun, dans la Guyenne , la Champagne , la Beauce ; ils y enseignaient la philosophie, les dogmes de leur culte, les sciences, et sans doute aussi les lettres ; car l'éloquence et la poésie avaient leur symbole dans l'un de leurs dieux, Ogmius, armé comme Hercule de la massue et de l'arc, entraînant après lui des hommes attachés par l'oreille à des chaînes d'or et d'ambre qui sortaient de sa bouche. Mais le génie de la race gallique était trop matérialiste, trop barbare, pour accepter de prime abord les doctrines des druides. Ce n'était point d'ailleurs, comme en Egypte, une population industrieuse et soumise à ses prêtres. Les Gaulois, peuplades indisciplinées et guerrières, étaient dispersés çà et là ; le druidisme ne put les faire sortir de la vie de clan, et ils échappèrent de bonne heure à la domination sacerdotale. Il est donc probable que la civilisation de la Gaule eût été longtemps stationnaire , sans l'arrivée des Romains, ce peuple législateur et guerrier qui voulait former le monde à

---

[1] Michelet , *Histoire de France* , 1, 4, d'après Diodore de Sicile , César, etc.

son image et qui, en effet, a laissé partout des traces
de son passage. Avant Rome, la Grèce avait fait invasion au milieu des races galliques; une colonie de
Phocéens avait fondé la riche et commerçante Marseille.
Mais on a évidemment exagéré l'influence des nouveaux venus, auxquels l'historien Justin a voulu rappor-
ter la civilisation primitive des Gaules. Les Marseillais
ont pu introduire quelques mots grecs dans l'idiome
celtique; les Gaulois, faute d'écriture nationale, ont
pu, dans les occasions solennelles, emprunter les carac-
tères grecs ; les écoles de la *Nouvelle-Athènes* méritaient
sans doute l'admiration que leur témoignait Cicéron ;
néanmoins « le génie hellénique était trop dédaigneux
des barbares pour gagner sur eux une influence
réelle. Peu nombreux, traversant le pays avec défiance
et seulement pour les besoins de leur commerce, les
Grecs différaient trop des Gaulois, et de race et de
langue, ils leur étaient trop supérieurs pour s'unir intimement avec eux [1]. »

L'influence des Romains fut beaucoup plus directe;
civilisés par leurs vainqueurs, les Gaulois firent, en
peu de temps, d'immenses progrès dans cette voie
nouvelle; l'élève surpassa le maître. Le premier co-
médien de l'ancienne Rome, Roscius, était du midi de
la Gaule. Un grand nombre de ses compatriotes n'ont
pas laissé une moins belle réputation : Trogue-Pom-
pée, qui écrivit la première histoire universelle ; Pe-
tronius Arbiter, né près de Marseille, qui créa le genre
du roman ; deux bons poëtes, Varro Atacinus, des

[1] Michelet, 1, 134.

environs de Carcassonne, et Cornelius Gallus, natif de Fréjus, ami de Virgile; Antonius Gnipho, qui forma deux grands orateurs, Jules César et Cicéron; Favorinus, d'Arles, ami de l'empereur Adrien; Cornelius Fronto, le maître de Marc-Aurèle et l'un des professeurs de l'école de Clermont; le fameux poëte Ausone, de Bordeaux, comte du palais impérial, questeur, préfet du prétoire, consul, qui protégeait les lettres avec magnificence; deux hellénistes distingués, Harmonicus et Urbicus, professeurs à Trèves et à Bordeaux; Minervius, qu'on appelait le second Quintilien, né à Bordeaux, ainsi que Prœresius à qui les Romains élevèrent une statue avec cette inscription : *Rome, au roi de l'éloquence*; Varron, Exupère, les deux Conscense, de Narbonne; le Toulousain Bec (Antonius Primus), ami de Martial et poëte lui-même, qui donna le trône à Vespasien [1]; Sulpice-Sévère et S. Prosper d'Aquitaine, tous deux historiens; Salvien, natif de Trèves, auteur du *Gouvernement de Dieu*, etc. Enfin l'empereur Claude lui-même, l'un des hommes les plus lettrés de son époque, était né à Lyon.

Les écoles les plus célèbres de la Gaule étaient Marseille, Autun, Narbonne, Toulouse, Lyon et Bordeaux. Les étudiants d'Autun étaient en si grand nombre, qu'ils formèrent, dit Tacite, une partie de l'armée de Sacrovir, ce dernier des Gaulois, qui, sous le règne de Tibère, combattit et mourut pour la liberté, et Varron nous apprend que les Marseillais

[1] Michelet, *loco cit.*, 87.

étaient appelés *Trilingues*, parce qu'ils parlaient les langues grecque, latine et gauloise. Du temps de Strabon, les riches patriciens de Rome faisaient le voyage de *Massalie* au lieu du voyage d'Athènes. La protection des empereurs qui, pour la plupart, aimaient et cultivaient les lettres, donna aux études une grande extension. Caligula établit à Lyon ces fameux combats d'éloquence dans lesquels le vaincu devait effacer ses écrits avec la langue ou se laisser jeter dans le Rhône. Les professeurs furent exemptés, eux, leurs familles et leurs propriétés de toutes les charges publiques; on ne put les citer devant un autre juge que celui de leur province, et en 321, Constantin rendit le décret suivant: « Si quelqu'un les tourmente, qu'il soit poursuivi par les magistrats, afin qu'eux-mêmes ne prennent pas cette peine, et qu'il paie cent mille pièces au fisc ; si un esclave les a offensés, qu'il soit frappé de verges par son maître, devant celui qu'il a offensé ; et si le maître a consenti à l'outrage, qu'il paie vingt mille pièces au fisc. » Le nombre des professeurs fut désigné pour chaque science par les constitutions impériales ; ils furent soumis à l'épreuve d'un double concours et ne pouvaient obtenir l'assentiment du prince ou du sénat qu'après un examen public, dans lequel on avait constaté leur capacité. Antonin le Pieux fixa leur traitement à mille écus d'or; plus tard, en 376, Gratien décida qu'à Trèves *trentes rations* [1] se-

---

[1] *Annona.* C'était une certaine mesure de blé, d'huile, etc., probablement ce qu'il en fallait pour la consommation journalière d'une personne.

raient accordées au rhéteur, *vingt* au grammairien latin et *douze* au grammairien grec. Dans les autres villes, les orateurs reçurent du fisc *vingt-quatre rations*; les grammairiens n'en eurent que la moitié.

Les écoles gauloises étaient soumises à des règlements. Un chef, nommé *Gymnasiarque*, fut placé à la tête de l'administration, et sous ses ordres, les *Proscholes*, les *Antescholes* et les *Hippodidascales* dirigèrent l'éducation des jeunes gens; ils veillaient, dit un ancien auteur, sur leurs mœurs, sur leurs habitudes, sur leur manière de se vêtir et de marcher, et il y avait à l'entrée des écoles un lieu appelé *Proscholium*, d'où le surveillant examinait les élèves. Ceux-ci étaient divisés en trois classes : les externes qui se réunissaient en *nations*, usage qui se perpétua, comme nous le verrons, dans notre Université; les *Convictores* ou pensionnaires, et les *alimentarii* qu'on peut comparer à nos boursiers, et qui étaient élevés aux frais de riches particuliers ou à ceux de l'état. Un décret du sévère Valentinien soumit les étudiants à une rigoureuse surveillance. L'empereur voulut qu'ils fussent tous munis d'un passeport contenant leur nom, celui de leurs parents, le lieu de leur naissance, que leur nom fût inscrit sur un registre spécial, avec leur déclaration de la science qu'ils désiraient étudier. Si l'élève ne suit point assidûment les cours, s'il paraît trop souvent aux spectacles et à des *banquets intempestifs*, s'il forme avec d'autres jeunes gens des associations que le législateur *regarde comme très-voisines des crimes*, l'autorité doit le condamner aux verges et le chasser de la ville. Mais l'empereur ordonna en même temps que les noms des étudiants lui fussent envoyés avec des notes, afin qu'il pût récompenser et appeler aux charges de l'état les sujets les plus distingués de chaque école.

Protégées et encouragées par le gouvernement impérial, les études devinrent florissantes dans les Gaules. Rome y veilla toujours, même dans les temps de calamités. En 285, les serfs révoltés, les Bagaudes, ravagent Autun; aussitôt le césar Constance Chlore établit avec magnificence les écoles de cette ville sous le titre d'écoles *méniennes*. Cependant la chute de l'empire épuisé, assailli de toutes parts par les hordes germaniques, devenait chaque jour inévitable, malgré les talents et l'énergie de quelques hommes. Les populations désespéraient de l'avenir, à la vue des désastres dont Lactance nous a laissé le terrible tableau, et rien ne put porter remède à leurs maux. Le monde antique était condamné. Alors, devant les barbares qui envahissaient la Gaule, la civilisation disparut, les études furent abandonnées, les écoles devinrent peu à peu désertes. Mais la société chrétienne, jeune, puissante et pleine d'avenir, ne perdit point courage; l'église sauva du naufrage les débris des lettres et des sciences, et le clergé poursuivait sans relâche son travail intellectuel et moral, lorsque les barbares franchirent le Rhin, le 31 décembre 406. A leur approche, « les disputes religieuses cessèrent, les écoles se fermèrent et se turent. C'était de foi, de simplicité, de patience que

le monde avait alors besoin. Mais le germe était dé-
posé, il devait fructifier dans son temps. »

II.

État des lettres dans la Gaule et chez les Francs, depuis l'invasion
des barbares jusqu'au règne de Charlemagne.

On a beaucoup exagéré, à notre avis, les maux de
l'invasion. Les dispositions des barbares, comme l'a
fait observer un judicieux écrivain, n'étaient rien
moins qu'hostiles pour la Gaule. Ils cantonnaient
depuis longtemps dans les provinces romaines, et leur
contact avec les vaincus avait adouci leurs mœurs.
Les Goths et les Burgundes étaient presque romains;
Ataulph, *homme de grand cœur et de grand esprit*, n'am-
bitionnait d'autre titre que celui de restaurateur de
l'empire; Théodoric II avait recours à la plume du
plus habile homme des Gaules, et tirait vanité de
l'élégance des lettres écrites en son nom; le grand
Théodoric choisit pour ministre le rhéteur Cassio-
dore, et sa fille Amalasonte parlait indifféremment
le latin et le grec. Aussi la plupart des villes du midi
s'aperçurent à peine qu'elles étaient sous la domination des Germains; Lyon, Vienne, Toulouse, Narbonne rouvrirent leurs écoles avec un certain éclat.

Mais la civilisation disparut peu à peu, lorsque,
après la chute de l'empire des Goths et des Burgundes, la fédération guerrière des Francs fut appelée à
recueillir la succession des Romains dans la Gaule.
C'est un fait digne de remarque. Les Francs n'étaient

point cependant aussi barbares qu'on a bien voulu
le dire ; ils faisaient partie depuis longtemps des
armées impériales, et l'historien Agathias les regar-
dait comme *les plus civilisés des barbares*, qui ne différaient des Romains que *par la langue et le costume.*
L'église s'empara d'eux facilement : « Sicambre, baisse
docilement la tête, s'écrie saint Remi au baptême
de Clovis ; brûle ce que tu as adoré, et adore ce que
tu as brûlé ! » Ils furent ensuite soumis à l'influence
des Romains, des vaincus. « Et il devait en être ainsi,
dit M. Michelet. Sans compter qu'ils étaient bien plus
souples, bien plus flatteurs, eux seuls étaient capables
d'inspirer à leurs maîtres quelques idées d'ordre et
d'administration, de substituer peu à peu un gouvernement régulier aux caprices de la force, et d'élever la royauté barbare sur le modèle de la monarchie
impériale. » Ouvrez Grégoire de Tours, vous ne ver-
rez que des Romains autour des enfants de Clovis,
et tous sont gens d'esprit et lettrés. Le roi Gontran
honore du patriciat Celsus, *homme plein d'emphase dans
ses paroles, d'à-propos dans ses répliques, exercé dans la
lecture du droit* ; parmi les serviteurs de Sigebert,
nous trouvons un Andarchius, *parfaitement instruit
dans les œuvres de Virgile, dans le code Théodosien et
l'art des calculs* ; Asteriolus et Secundinus, *tous deux
sages et habiles dans les lettres et la rhétorique*, ont un
grand crédit auprès de Theudebert ; enfin l'un des
favoris de Brunehault est le romain Claudius, *fort
lettré et agréable conteur.*

Cet entourage dut influer beaucoup sur les mœurs

des rois mérovingiens. Aussi a-t-on prétendu qu'ils avaient dans leur palais une école où ils faisaient élever et instruire les enfants de leurs *fidèles* [1]. Sigebert et Charibert cultivèrent les lettres, et le premier écrivait en latin avec beaucoup d'élégance, s'il faut en croire un poëte contemporain. L'époux de Frédégonde, le *Néron de la France*, Chilpéric, bâtit des cirques à Soissons et à Paris, à l'exemple des Romains; il ajouta quatre lettres à l'alphabet, composa un grand nombre de vers [2], d'hymnes, de prières, et voulut même faire recevoir par les évêques un *Credo* de sa façon, où l'on nommerait Dieu sans faire mention de la distinction des trois personnes. Dagobert, entouré de ministres romains, fait fabriquer des ornements d'église sous la direction de l'orfèvre saint Eloi, et ordonne à ses scribes d'écrire les lois des Allemands, des Saliens et des Bavarois.

Néanmoins, on vit s'éteindre, sous la domination des Francs, les derniers restes de la civilisation romaine; les écoles civiles disparurent, la langue latine, défigurée par le mélange de mots barbares, devint méconnaissable. L'historien Grégoire de Tours, dont le style est incorrect et grossier, représente cependant le nom le plus littéraire de son temps. Son successeur Frédégaire enviait son talent : « J'aurais souhaité, dit-il tristement, qu'il me fût échu en partage une telle faconde, que je pusse quelque peu lui ressembler.

---

[1] *Histoire littéraire de la France*, par les Bénédictins, II, 424.

[2] La tradition lui attribue une pièce de vers sur l'église Saint-Germain-des-Prés. Voyez Aimoin, liv. III, c. 10.

Mais l'on puise difficilement à une source dont les eaux tarissent. Désormais le monde se fait vieux, la pointe de la sagacité s'émousse en nous. Aucun homme de ce temps ne peut ressembler aux orateurs des âges précédents, aucun n'oserait y prétendre. » Ce n'est point ici le lieu d'expliquer la désorganisation de la Gaule à cette époque et ses tristes résultats ; nous ne devons que constater ce fait. M. Guizot a traité avec son talent ordinaire cette importante question, et un historien que nous aimons à citer souvent, M. Michelet, a parfaitement expliqué dans un style élégant et poétique l'affaiblissement du monde mérovingien : « Qui a coupé leurs nerfs et brisé leurs os, à ces enfants des rois barbares ? C'est l'entrée précoce de leurs pères dans la richesse et les délices du monde romain qu'ils ont envahi. La civilisation donne aux hommes des lumières, et des jouissances. Les lumières, les préoccupations de la vie intellectuelle, balancent chez les esprits cultivés ce que les jouissances ont d'énervant. Mais les barbares, qui se trouvent tout à coup placés dans une civilisation disproportionnée, n'en prennent que les jouissances. Il ne faut pas s'étonner s'ils s'y absorbent et s'y fondent, pour ainsi dire, comme la neige devant un brasier. »

Ne croyez point cependant qu'au milieu de ce désordre et de cette barbarie, toutes les intelligences fussent assoupies, que le mouvement moral et religieux fût arrêté ; jamais, au contraire, il n'avait eu plus d'activité. L'Église était venue au secours de la civilisation, par égoïsme peut-être ; il est impossible, néanmoins, de nier son heureuse influence. Alors littérature sacrée remplace la littérature profane, les études ne sont dirigées que vers la théologie, la science n'a pour but que la religion et la morale. A la fin du sixième siècle, saint Dizier, évêque de Vienne, enseignait la grammaire dans son école épiscopale ; saint Grégoire-le-Grand, indigné, lui écrit aussitôt qu'*une bouche consacrée aux louanges de Dieu ne doit pas s'ouvrir pour celles de Jupiter*. Quoiqu'il n'y eût point à cette époque de littérature proprement dite, l'activité intellectuelle, dont était travaillée la société religieuse, enfanta d'innombrables ouvrages : sermons, commentaires sur les livres saints, homélies, traités religieux ; etc. Il nous reste de saint Augustin seul 394 sermons, et beaucoup d'autres ont été perdus. Toutes ces productions ont un cachet particulier de naïve simplicité ; elles sont remplies de comparaisons empruntées à la vie commune, d'antithèses familières qui devaient singulièrement impressionner la multitude. Saint Césaire, l'illustre évêque d'Arles, y avait souvent recours. Tantôt il compare l'âme à un champ qu'il faut cultiver ; tantôt il prie ses auditeurs de l'interroger, en leur donnant pour exemple les animaux qu'ils ont sans cesse sous leurs yeux : « Des vaches, dit-il, ne courent pas toujours au-devant des veaux, souvent aussi les veaux accourent aux vaches, pour apaiser leur faim aux mamelles de leur mère. »

Mais le véritable monument de cette littérature, c'est le recueil des *Légendes et vies des saints*. Ce magnifique recueil entrepris en 1643 par Bolland, jésuite belge, peut seul nous donner une idée des travaux de l'Église primitive. Un grand nombre de ces écrits doit s'être perdu, beaucoup n'ont pu parvenir aux Bollandistes, et cependant dans le mois d'avril seul on compte 1472 vies des saints [1]. Ces légendes ne répondaient pas seulement à la tendance religieuse de l'époque; elles satisfaisaient aux besoins moraux et intellectuels des populations, qui se consolaient dans ces naïfs récits des désastres de la patrie. Les légendes ont été pour les chrétiens des premiers siècles, ce que sont pour les Orientaux les contes des *Mille et une nuits.* Enfin, il existait alors un genre de littérature spéciale, religieux par le choix et le caractère des sujets, profane par la forme, qui était une assez mauvaise imitation des écrivains grecs et romains. Citons l'*Histoire ecclésiastique des Francs,* de l'évêque Grégoire de Tours, les beaux poëmes d'Avitus, évêque de Vienne, les petits vers de l'évêque de Poitiers, saint Fortunat, qui composa du reste plusieurs légendes et un hymne remarquable, le *Vexilla regis,* adopté par l'Église, etc. Cette littérature mixte, qui n'a pas été assez appréciée, perpétua heureusement les traditions classiques; c'était au milieu du bouleversement gé-

---

[1] La collection des Bollandistes a été interrompue en 1794 par la révolution de Belgique. Les 53 volumes *in-fol.* contiennent plus de 25,000 vies de saints. Il est inutile d'ajouter qu'un grand nombre de ces légendes, surtout au septième siècle, ont été composées d'après des traditions fort suspectes.

néral, un lien entre la société antique et celle qui s'élevait sur ses ruines [1].

Les écoles civiles étaient abandonnées; le clergé s'empressa d'y suppléer par des écoles épiscopales, placées sous la surveillance immédiate des évêques, et situées dans l'intérieur même de leurs palais ou près des églises [2]. Les évêques enseignèrent d'abord eux-mêmes, mais ils se démirent bientôt de ces travaux sur des prêtres ou des diacres, dont le chef reçut les divers titres de *primicier*, de *capischoles*, d'*écolâtre* ou de *chancelier*, titres qui existent encore aujourd'hui même que les fonctions ont cessé. Toutefois ces écoles eurent de faibles résultats; les études exclusivement religieuses ne profitaient qu'à ceux qui se destinaient à l'état ecclésiastique. Et puis, les grands noms de l'épiscopat disparaissaient peu à peu; les successeurs de saint Grégoire et de saint Germain étaient ignorants et corrompus. « Avec les richesses, dit un écrivain moderne, l'esprit du monde entrait dans le clergé, avec la puissance la barbarie qui en était alors inséparable. Les serfs devenus prêtres gardaient les vices de serfs, la dissimulation, la lâcheté. Les fils des barbares, devenus évêques, restaient souvent barbares. Un esprit de violence et de grossièreté envahissait l'église. »

[1] Voyez pour tout ce qui précède le tome 3 du cours de M. Guizot.

[2] C'est de là qu'est venu, dit-on, le nom de parvis. « Ab edocendis *parvis.* »

Les moines servirent beaucoup plus, ce me semble, la cause de la civilisation. Les règles monas-
tiques, surtout celle de saint Benoît, prescrivaient de
partager le temps entre la prière, le travail des mains
et la lecture, et un grand nombre de religieux s'ap-
pliquaient à copier les anciens livres; leur zèle a
sauvé les chefs-d'œuvre de l'antiquité. L'ordre de
saint Benoît, qui avait pris le travail pour base, qui
avait déclaré le premier que l'*oisiveté est ennemie de
l'âme*, rendit de grands services à la littérature. Ce
fut lui qui le premier institua des écoles dans les
couvents : cet usage se répandit dans tous les monastères, et la *règle du maître* ordonne que le moine le
plus instruit devra chaque jour donner des leçons à
la jeunesse pendant trois heures [1]. On distinguait
deux sortes d'écoles, les petites et les grandes (*minores
et majores*); dans les unes, on ne donnait aux élèves
qu'une instruction élémentaire, et l'on envoyait dans
les autres ceux qui annonçaient le plus de dipositions.
Destinés d'abord aux membres du clergé, ces établissements ne tardèrent pas à admettre la jeunesse
séculière; plus tard les religieux, pour préserver la
discipline intérieure de toute atteinte, ouvrirent, en
dehors des monastères, des écoles qu'ils consacrèrent
spécialement aux externes. Les couvents les plus
illustres par leurs écoles furent ceux de Lérins, dans
le diocèse d'Antibes, de Luxeuil, fondé par saint
Colomban, de Jumiège, de saint Médard de Soissons,

[1] *Hist. litt.*, III, 34.

de saint Vandrille en Normandie; ce dernier compta quelquefois jusqu'à trois cents étudiants [1]. A côté de ces écoles, on vit des vierges savantes en ouvrir d'autres aux personnes de leur sexe. Sans parler de celles de Poitiers, d'Arles, de Maubeuge, sainte Gertrude, abbesse de Nivelle, avait été étudier en Irlande, où les sciences et les lettres étaient cultivées avec éclat; sainte Bertille, abbesse de Chelles, était si célèbre, qu'une foule de disciples des deux sexes affluaient autour d'elle de toute la Gaule et de la Grande-Bretagne [2].

La dissolution de la monarchie mérovingienne, qui commence à la mort du roi Dagobert, rendit impuissants les efforts de cette civilisation naissante. Les sciences et les lettres furent oubliées au milieu de la lutte sanglante des Neustriens et des Ostrasiens, et la domination militaire de Charles-Martel, ce grand ennemi des prêtres, ne fit qu'accroître la barbarie. Pépin-le-Bref protégea et enrichit le clergé qui lui avait donné le trône, mais ses guerres contre les Lombards, les Sarrazins, les Saxons et les Aquitains, ne lui laissèrent point le temps de s'occuper de la régénération morale de ses sujets. C'était à son fils, Charlemagne, qu'était réservée la gloire de sauver la civilisation et d'unir aux lauriers du conquérant ceux du législateur et du restaurateur des lettres.

[1] *Hist. litt.*, III, 438.
[2] Michelet, I, 268.

HISTOIRE

DE

L'UNIVERSITÉ

CHAPITRE I.

Les Carlovingiens. (768-987.)

On a longtemps regardé Charlemagne comme le
fondateur de l'Université de Paris [1], et cette tradition populaire, que le *bonhomme Pasquier* attaqua le
premier, dans ses curieuses *Recherches,* s'explique facilement. Ce puissant empereur a ranimé le mouvement
intellectuel chez les Francs avec tant de zèle, de per-
sévérance et de bonheur, la gloire littéraire de son
règne est si belle, qu'il n'est pas étonnant qu'on ait
cru devoir placer à cette époque l'établissement de
l'Université, berceau de la civilisation française.

J'ai dit combien grande était la décadence morale
de la Gaule franque au huitième siècle. Le clergé
lui-même devenait ignorant et grossier. « Dans les
écrits qui nous ont été fréquemment adressés par les
couvents, dit Charlemagne à l'abbé de Fulde, nous

---

[1] La fête de Charlemagne est encore célébrée, le 28 janvier,
dans nos colléges. Ce fut Louis XI qui l'établit en 1480, et comme
elle fut négligée dans la suite, un statut de l'Université la rétablit
expressément en 1661.

2

avons pu remarquer que le sens des religieux était droit, mais leurs discours incultes; que ce qu'une dévotion pieuse leur dictait fidèlement au dedans, ils ne pouvaient l'exprimer au dehors sans reproches, par leur négligence et leur ignorance de la langue. » Il était à craindre que la barbarie n'étouffât les derniers germes de la civilisation; mais le génie de Charlemagne régénéra en peu de temps le vieux monde mérovingien. Il réunit autour de lui pour ce grand œuvre les savants de tous les pays; Théodulf, S. Prudence, Agobard, Leidrade, Walfried Strabo, S. Boniface, Gottschalk, etc, et enfin l'anglais Alcuin, la gloire de cette époque. Ces hommes, d'une *science universelle*, suivant l'expression des anciens historiens, secondèrent les efforts de l'empereur franc, qui donna le premier à ses sujets l'exemple de l'étude. Son zèle fut infatigable; « il consacra beaucoup de temps et de travail, dit Eginhard, son biographe, à la rhétorique et à la dialectique, mais surtout à l'astronomie: il apprenait le calcul et étudiait le cours des astres avec une curieuse et ardente sagacité. Il s'essayait aussi à écrire, et portait d'habitude sous son chevet des tablettes, afin de pouvoir, dans ses moments de loisir, s'exercer la main à tracer des lettres; mais ce travail ne réussit guère, il l'avait commencé trop tard. » Charlemagne parlait le latin avec autant de facilité que la langue tudesque; il savait le grec, peut-être même l'hébreu, le syriaque et l'esclavon. Outre des écrits théologiques, nous avons de lui deux pièces de poésie, adressées à Alcuin et à Paul

Warnefrid, et on lui en attribue beaucoup d'autres[1]. Enfin, il commença une grammaire tudesque, et fit recueillir les vieux chants nationaux de l'Allemagne.

Pour propager plus facilement l'instruction dans le peuple, Charlemagne voulut faire partager ses études aux *leudes* qui l'entouraient. Ce fut dans ce but qu'il fonda dans son palais, sous les auspices d'Alcuin, une école à laquelle assistaient Charles, Pepin et Louis, ses fils; Gisla, sœur, et Gisèle, fille de l'empereur; Eginhard et les autres conseillers intimes. Cette célèbre école se tenait probablement à Paris, au palais des Thermes[2], mais seulement pendant le séjour de l'empereur. Les *écoles du palais*, en effet, n'étaient établies nulle part d'une manière permanente; elles se tenaient là où se trouvaient l'empereur et sa suite, à Quiercy, à Thionville, à Worms, et le plus souvent à Aix-la-Chapelle[3]. L'enseignement d'Alcuin, si l'on en juge par les fragments qui nous sont parvenus, n'avait point d'objet déterminé. Il y avait plus d'entretiens que de leçons, et la naïve curiosité de ces illustres élèves embarrassait souvent le professeur. Tantôt l'empereur le questionne sur la diffé-

[1] Voyez le cinquième volume de la *Collection des historiens de France*.

[2] *Mémoires de l'Ac. des insc.* xv, 659.

[3] M. de Gaulle, *Nouvelle histoire de Paris*, i, 317. « On voit donc, ajoute le savant historien, que les auteurs, qui donnent Alcuin pour premier maître à l'école publique de Paris, confondent cette institution avec l'école du palais. »

rence qui existe entre *éternel* et *sempiternel*, *perpétuel* et *immortel*; tantôt il lui demande pourquoi l'on ne trouve dans aucun évangile l'*hymne que J.-C. a chanté après la Cène*. Il se forma, en même temps, dans le palais une académie, dont tous les membres empruntaient un surnom à l'histoire sacrée ou profane. Charlemagne avait le surnom de David; Alcuin, Eginhard, Théodulf, ceux d'Albinus, de Calliopus et de Pindare, etc. Dans la première passion de la science, comme dans toute passion, a dit avec raison M. Guizot, l'enthousiasme est toujours un peu singulier et bizarre.

Il faut lire dans les historiens contemporains avec quel empressement l'empereur accueille les savants étrangers, avec quel soin il suit, dans les écoles, le progrès des études. « Il advint, dit un chroniqueur, qu'au rivage de Gaule débarquèrent, avec des marchands bretons, deux scots d'Hibernie, hommes d'une science incomparable dans les écritures profanes et sacrées. Ils n'étalaient aucune marchandise, et se mirent à crier, chaque jour, à la foule qui venait pour acheter : « Si quelqu'un veut la sagesse, qu'il vienne à nous, et qu'il la reçoive, nous l'avons à vendre... » Enfin, ils crièrent si longtemps, que les gens étonnés, ou les prenant pour fous, firent parvenir la chose aux oreilles du roi Charles, amateur toujours passionné de la sagesse. Il les fit venir en toute hâte, et leur demanda s'il était vrai, comme la renommée le lui avait appris, qu'ils eussent avec eux la sagesse. Ils dirent : « Nous l'avons, et, au nom du

Seigneur, nous la donnons à ceux qui la cherchent dignement. » Et, comme il leur demandait ce qu'ils voulaient en retour, ils répondirent : « Un lieu commode, des créatures intelligentes, et ce dont on ne peut se passer pour accomplir le pèlerinage d'ici-bas, la nourriture et l'habit. » Le roi, plein de joie, les garda d'abord avec lui quelque peu de temps. Puis, forcé d'entreprendre des expéditions militaires, il ordonna à l'un d'eux, nommé Clément, de rester en Gaule, lui confia un assez grand nombre d'enfants de haute, de moyenne et de basse condition, et leur fit donner des aliments, selon leur besoin, et une habitation commode. L'autre (Jean Mailros, disciple de Bède), il l'envoya en Italie pour y ouvrir une école.

« Lorsqu'après une longue absence le victorieux Charles revint en Gaule, il se fit amener les enfants qu'il avait confiés à Clément, et voulut qu'ils lui montrassent leurs lettres et leurs vers. Ceux de moyenne et de basse condition présentèrent des œuvres au-dessus de toute espérance, confites dans tous les assaisonnements de la sagesse ; les nobles, d'insipides sottises. Alors le sage roi, imitant la justice du juge éternel, fit passer à sa droite ceux qui avaient bien fait, et leur parla en ces termes : « Mille grâces, mes fils, de ce que vous vous êtes appliqués de tout votre pouvoir à travailler selon mes ordres et pour votre bien. Maintenant efforcez-vous d'atteindre à la perfection, et je vous donnerai de magnifiques évêchés et des abbayes, et toujours vous serez honorables à mes yeux.» Ensuite, il tourna vers ceux de gauche un front irrité, et, troublant leurs consciences d'un regard flamboyant, il leur lança avec ironie, tonnant plutôt qu'il ne parlaît, cette terrible apostrophe : « Vous autres nobles, vous, fils de grands, délicats et jolis mignons, fiers de votre naissance et de vos richesses, vous avez négligé mes ordres, et votre gloire et l'étude des lettres ; vous vous êtes livrés à la mollesse, au jeu et à la paresse, ou à de frivoles exercices. » Après ce préambule, levant vers le ciel sa tête auguste et son bras invincible, il fulmina son serment ordinaire : « Par le roi des cieux, je ne me soucie guère de votre noblesse et de votre beauté, quelque admiration que d'autres aient pour vous ; et tenez ceci pour dit, que si vous ne réparez par un zèle vigilant votre négligence passée, vous n'obtiendrez jamais rien de Charles[1]. »

De toutes parts s'élevaient, comme par enchantement, à la voix de l'empereur, des écoles élémentaires, où l'on enseignait aux enfants la lecture, le chant d'église, le calcul et la grammaire. Les curés de campagne reçurent l'ordre de professer *gratuitement*, et d'inviter les parents à envoyer leurs enfants à l'école du monastère ou à celle de la paroisse. Dans les grandes écoles, on étudiait les *arts libéraux*, c'est-à-dire la grammaire, la rhétorique, la dialectique, l'arithmétique, la géométrie, l'astronomie et la mu-

[1] *Le moine de Saint-Gall*, l. I. Je me suis servi de l'élégante traduction de M. Michelet.

sique[1]. Les évêques secondèrent partout le zèle de
Charlemagne. Leidrade fonda une école célèbre à
Lyon ; Théodulf, à Orléans ; Alcuin, à l'abbaye de
Saint-Martin de Tours ; Sigulf, à l'abbaye de Ferrières, dans le Gâtinais ; Raban, disciple d'Alcuin, à
Fulde. Celles de Reichnau, d'Utrecht, de Corbie,
de Fontenelle, de Saint-Riquier, de Saint-Wandrille,
d'Osnabruck[2], n'eurent pas une moins grande célébrité. À Paris, il y avait, près de la cathédrale et
peut-être dans la maison de l'évêque, une école où
l'on enseignait publiquement ; en 790, l'abbé Tro-
bat Ier en fonda une à Saint-Germain-des-Prés, et celle
de Saint-Germain-l'Auxerrois acquit une telle réputation qu'elle a laissé son nom au quai voisin. Ces
écoles, fondées sur tous les points du royaume, exercèrent une influence que l'on n'a pas assez remar-
quée ; elles opérèrent la fusion des races romaines et
germaniques, en propageant parmi des populations
différentes de mœurs, de lois et d'intérêts, les mêmes
doctrines et le même esprit. De leur sein la foi se
répandit avec la science en Saxe, en Frise, en

[1] Ce cours d'études, suivi de bonne heure en Italie, introduit
ensuite en Espagne et en Angleterre, apporté en France de ce dernier pays, était connu au moyen âge sous les noms de *Trivium* et
de *Quadrivium*. Les différentes parties qui le composaient sont
énumérées dans le distique suivant :

Gramm. loquitur ; Dia. vera docet ; Reth. verba colorat ;
Mus. canit ; Ar. numerat ; Geo. ponderat ; Ast. colit astra.

[2] Cette dernière école, fondée en 804, était destinée à l'étude du
grec et du latin.

Westphalie; une même lumière éclaira la France, l'Italie, l'Allemagne. Chez les Slaves, trois cents jeunes gens fréquentaient le collége de Jaroslaw [1].

Alcuin, qui eut, dans les travaux entrepris par Charlemagne, la plus large part, rendit, en outre, un service inappréciable à la littérature : je veux parler de la révision et de la correction des manuscrits. Les bibliothèques avaient été dans un tel désordre, au siècle précédent, qu'à Saint-Wandrille l'enceinte consacrée aux études était occupée par la meute du guerrier qui avait usurpé le monastère. Dans les couvents qui avaient été respectés, les anciens manuscrits, défigurés par des copistes ignorants, étaient devenus méconnaissables. L'empereur comprit que tous ses efforts, que tout son zèle de réformateur devaient tourner de ce côté, et il donna l'exemple. « La veille de sa mort, dit un historien contemporain, il avait soigneusement corrigé, avec des Grecs et des Syriens, les évangiles de saint Mathieu, de saint Marc, de saint Luc et de saint Jean. » Le diacre Paul composa, d'après ses ordres, un *homiliaire*, qui fut adressé aux évêques, et *dont il se flattait d'avoir banni les sens corrompus et les grossiers solécismes*, tandis qu'Alcuin revisait les livres sacrés. L'art du copiste procura bientôt gloire et fortune à ses intelligents interprètes, qui ne négligèrent même pas les auteurs profanes; car Alcuin, dit-on, copia et corrigea les comédies de Térence. C'est donc la patiente érudition du clergé et le zèle éclairé de Charlemagne

[1] Voyez le *Cours* de M. Guizot.

qui nous ont transmis les chefs-d'œuvre de l'antiquité, ces admirables monuments de l'intelligence
humaine.

L'empereur s'occupa avec non moins d'activité
d'une réforme que Pépin-le-Bref avait déjà tentée.
Il voulut établir partout la liturgie romaine et le
chant grégorien. Il réussit dans sa chapelle [1], « car,
dit Eginhard, il s'y entendait merveilleusement,
quoiqu'il ne lût jamais en public, et qu'il ne chan-
tât qu'à demi-voix et en chœur. » Mais tous ses
efforts furent inutiles au milieu de tant de peuples, divers de mœurs et de langage [2]. Le clergé gallican

---

[1] « Jamais, dans la basilique du docte Charles, il ne fut besoin de
désigner à chacun le passage qu'il devait lire, ni d'en marquer
la fin avec de la cire ou avec l'ongle ; tous savaient si bien ce
qu'ils avaient à lire, que si on leur disait à l'improviste de commencer, jamais il ne les trouvait en faute. Lui-même, il levait le
doigt ou un bâton, ou envoyait quelqu'un aux clercs assis loin de
lui, pour désigner celui qu'il voulait faire lire. Il marquait la fin
par un son guttural que tous attendaient en suspens, tellement que
soit qu'il fît signe après la fin d'un sens, ou à un repos au milieu
de la phrase, ou même avant le repos, personne ne reprenait trop
haut ou trop bas, quelque étrange commencement que cela pût faire.
En sorte que, *bien que tous ne comprissent pas*, c'était dans son
palais que se trouvaient les meilleurs lecteurs, et nul n'osa entrer
parmi ses choristes (fût il connu d'ailleurs), qui ne sût bien lire et
bien chanter. » (*Le moine de S. Gall*, l. 1, c. 7.)

[2] Nous lisons dans les anciens historiens un grand nombre d'a-
necdotes curieuses qui prouvent l'impuissance de cette tentative.
« Voyant avec douleur que le chant était divers selon les diverses
provinces, l'empereur demanda au pape douze clercs instruits
dans la psalmodie. Mais, par malice, lorsqu'on les eut dispersés

conserva ce rhythme et cette voix sauvages qui , suivant l'expression des Italiens , ressemblaient *à un bruit de chariots confusément retentissant,* et les écoles de chant, fondées à Soissons et à Metz , furent à peu près inutiles.

Le mouvement intellectuel, sous le règne de Charlemagne , est constant et réel , mais il ne faut pas en exagérer les résultats. Pour la partie littéraire, les poésies de Théodulf , évêque d'Orléans; la *Vie de Charlemagne,* par Eginhard ; quelques lettres d'Alcuin et de Leidrade, archevêque de Lyon , méritent peut-être seules quelque attention. Quant aux sciences naturelles et physiques, elles furent négligées ou étudiées sans fruit. Ainsi que l'observe M. Michelet, ce qu'il faut surtout admirer dans l'œuvre du législateur, c'est la volonté, c'est l'effort de rétablir l'unité de l'enseignement dans l'empire. A la mort de Charlemagne (814), les peuples qu'il avait soumis reconquirent leur indépendance; l'édifice social et politique qu'il avait élevé de ses puissantes mains s'écroula , son empire ne fut plus qu'un souvenir, mais rien ne put étouffer les germes de la civilisation renaissante. Grâce à l'essor donné par le grand homme, les lettres furent cultivées avec la même ardeur pendant les effroyables calamités du *siècle de fer* et la dissolution de la monarchie carlovingienne.

de côté et d'autre, ils se mirent à enseigner tous des méthodes différentes ; Charles, indigné, se plaignit au pape, et le pape les mit en prison. » *Id. ibid.,* c. 10.

Les successeurs de Charlemagne furent pour la plupart des princes instruits, qui protégèrent les études. Louis-le-Débonnaire parlait le latin avec élégance et comprenait le grec ; son érudition était surpassée par celle de sa femme, la belle saxonne Judith. Charles-le-Chauve était versé dans la langue grecque [1], et l'école du Palais, dirigée par l'Irlandais Jean Scot, brilla sous son règne d'un nouvel éclat. L'empereur assistait à toutes les leçons et accordait au professeur une extrême familiarité, s'il faut ajouter foi à l'anecdote suivante : « Jean était un jour assis à table en face du roi, et de l'autre côté de la table. Les mets ayant disparu, et comme les coupes circulaient, Charles, le front gai, et après quelques autres plaisanteries, voyant Jean faire quelque chose qui choquait la politesse gauloise, le tança doucement en lui disant : Quelle distance y a-t-il entre un *sot* et un *Scot*? (*Quid distat inter sottum et Scotum ?*) — Rien que la table, répondit Jean, renvoyant l'injure à son auteur [2]. » Sous Louis-le-Bègue, le chef des études du palais fut Mannon, l'un des philosophes les plus distingués de cette époque.

Les bibliothèques devinrent de plus en plus riches, et les copies des écrivains de l'antiquité se multiplièrent. Les manuscrits remplacèrent les armes et les

---

[1] Je me suis servi pour cette période de l'excellent travail de l'abbé Lebeuf, *sur l'état des sciences dans les Gaules depuis la mort de Charlemagne jusqu'à celle du roi Robert.* T. II du *Recueil de divers écrits,* in-12. Paris, 1738.

[2] *Guillaume de Malmesbury,* trad. de M. Guizot.

chevaux qu'on avait coutume d'offrir au prince, à
l'approche des grandes fêtes et au premier jour de
l'année. Aussi la bibliothèque de Charles-le-Chauve
devint si considérable, qu'il put la partager à sa
mort entre son fils et les monastères de Saint-Denis
et de Compiègne. Les abbés rivalisèrent de zèle
pour augmenter les richesses littéraires de leurs couvents. « Loup de Ferrières, voyant que, dans son
canton, l'on ne trouvait point de Suétone, l'emprunta de l'abbaye de Fulde pour le faire transcrire;
il eut d'Eginhard quelques ouvrages de Cicéron et un
Aulugelle. Il emprunta ailleurs un Salluste et les *Ver-
rines* de Cicéron pour les copier ou les collationner;
de l'abbaye de Pruym, les *Épitres* de Cicéron; de son
archevêque, Tite-Live. Il faisait des emprunts d'auteurs profanes jusqu'en Italie; il demanda même au
pape Benoît III, Cicéron *de Oratore*, les douze livres
des *Institutions* de Quintilien et les *Commentaires* de Donat
sur Térence. On peut juger de ce que contenaient les
bibliothèques des grands monastères, et surtout celle
du roi, en fait d'auteurs profanes, par le catalogue
de celle de l'abbaye de Saint Riquier, fait en l'an 831,
dont j'ai extrait cet article : *De libris grammatico-
rum, Donatus, Pompeius, Probus, Priscianus..., Servius,
Tullius Cicero, Fabulæ Avieni, Virgilius. De libris anti-
quorum, Plinius secundus, De moribus et vitâ imperato-
rum, Historia Homeri.* Frodoard, qui écrivait l'histoire de Reims au dixième siècle, fait voir par des
citations que la bibliothèque de cette église contenait les œuvres de Jules César, de Tite-Live, Vir-

gile, Lucain... Que ne peut-on pas dire de la bibliothèque de Saint-Benoît sur Loire, s'il est vrai qu'au dixième siècle, sous l'abbé Abbon, il y eut cinq mille écoliers, tant religieux qu'externes, qui devaient tous à leurs maîtres deux volumes par forme d'honoraires? Les moines de Montirender, au diocèse de Châlons-sur-Marne, faisant en 990 l'inventaire des livres de leur abbé Adson, lorsqu'il fut parti pour Jérusalem, y trouvèrent la *Rhétorique* de Cicéron, Servius *sur Virgile*, deux Térence, une explication des Eglogues et des Géorgiques de Virgile, deux glossaires latins. Le Virgile de huit à neuf cents ans conservé à la cathédrale de Metz, l'Horace du même temps conservé en celle d'Autun, le Juvénal et le Perse qui étaient dans la même église, font voir que les maîtres d'alors ne donnaient pas l'exclusion aux auteurs profanes [1]. »

Les langues, surtout le grec qui était d'une utilité réelle pour la liturgie et l'explication des livres saints, furent étudiées avec soin. Louis-le-Débonnaire fit même traduire la Bible en vers tudesques [2]. On s'occupa pour la première fois du droit canon et du droit civil, essais infructueux, sans doute, d'une législation impuissante à une pareille époque de dissolution, mais qui ne méritent pas moins d'être remarqués. Enfin nous voyons des traces de littérature. Chaque église plaça dans ses archives la vie des saints

[1] Lebeuf, *loco cit.*, 15 et suiv.

[2] *Id. ib.* 10, et suiv. L'auteur a recueilli sur ce sujet des documents fort curieux.

de son diocèse ; chaque monastère eut la biographie
des abbés les plus célèbres. Frodoard composa une
histoire des évêques de Reims ; Nithard, l'anonyme,
connu sous le nom de l'*Astronome*, Thégan, chorévê-
que de Trèves, rédigèrent les annales de leur temps,
sans critique, il est vrai, et dans un style incorrect qui
fait regretter Eginhard, mais du moins, avec conscience et bonne foi. Abbon nous a raconté le siège de
Paris par les Normands, et Fréculfe, évêque de Lisieux,
mort en 850, est l'auteur d'une histoire générale jusqu'à la fin du sixième siècle de l'église, travail qui
n'est point sans mérite. Parmi les poëtes, il faut placer
au premier rang Théodulf, dont nous avons déjà eu
occasion de parler au règne de Charlemagne, Florus
de Lyon et Walfried Strabo, abbé de Reichnau. Sous
Charles-le-Chauve, un moine d'Auxerre, nommé Hé-
ric, écrivit en vers une vie de saint Germain, dont la
réputation fut si grande, qu'on l'expliquait publiquement dans les écoles des monastères. Cependant le
mauvais goût ne tarda pas à altérer les saines traditions de la poésie antique. Les auteurs ne craignirent
pas de latiniser des mots grecs pour les adapter à la mesure du rhythme, et l'on vit un moine composer, à la
louange de Charles-le-Chauve, une pièce de 136 vers,
dont tous les mots commençaient par la lettre C.

Nous avons divers traités sur la musique, qui datent
de cette époque[1]. On enseignait cet art, comme je l'ai
déjà dit, dans les écoles. Quant aux sciences physiques,

[1] Lebeuf, 95 et suiv.

elles firent peu de progrès, même l'astronomie, dont le but était tout religieux. Il y avait à Aix-le-Chapelle, dans le trésor impérial, un énorme bassin en argent sur lequel était représentée la situation des étoiles et des planètes par rapport à la terre. Les savants, disent les écrivains contemporains, venaient souvent l'étudier, mais sans critique, sans intelligence; ils suivaient servilement les travaux de Boèce et de Bède. On n'examinait point d'ailleurs, sans quelque crainte respectueuse, le système céleste. Loup, de Ferrières, interrogé sur les comètes, répondit qu'il fallait plutôt les craindre que les expliquer. La médecine seule, si négligée sous Charlemagne [1], progressa pendant cette période. Les médecins, presque tous moines, sont en grand nombre.

Le mouvement intellectuel n'a donc point cessé en France, à la mort de Charlemagne. C'est là une de ces erreurs si communes, popularisées par la tradition et par d'ignorants compilateurs. Le clergé, dépositaire fidèle des lettres et des sciences, ne montra jamais plus d'ardeur. Sans doute, l'érudition de cette époque est pédantesque, le plus souvent puérile; mais faut-il s'en étonner? L'intelligence renaissait, pour ainsi dire, et ces esprits naïfs aspiraient, dans leur avide curiosité, jusqu'à l'affectation de la science. Admirons plutôt le zèle, l'activité incessante de ces bons religieux qui, comme l'abbé de Cluny, étudiaient partout, même à cheval, et qui

---

[1] L'empereur n'ordonna l'étude de cette science dans les écoles, que vers la fin de sa vie. Voyez *Hist. littér.* IV, 26, 274.

rivalisaient d'efforts pour propager l'instruction.
« Afin que les travaux de Charlemagne ne fussent
point inutiles, dit l'abbé Lebeuf, les pères du concile de Paris, de l'an 829, demandèrent à l'empereur
l'établissement de trois écoles plus célèbres que les
autres. Ils recommandèrent l'exécution de l'ordonnance de ce prince au sujet des écoles, et ils voulurent, afin qu'on en vît les effets, qu'on amenât les
écoliers aux conciles provinciaux. Le concile de
Meaux, de l'an 845, voulut que les évêques eussent
auprès d'eux un docteur capable d'enseigner les autres. On voit, dans les états assemblés à Aix-la-Chapelle, vingt ans auparavant, quelque mention d'é-
coles établies ou projetées pour les enfants et les
ministres de l'église. Un autre concile de France,
tenu à Savonnières, proche Toul, en 859, marqua
aussi son attention en ordonnant l'établissement des
écoles dans les lieux où elles manquaient, parce que
les évêques s'étaient aperçus qu'on perdait le véritable
sens de l'Écriture sainte par le défaut de connaissance
des langues [1]. » Toutes ces écoles étaient ecclésiastiques. La plus célèbre fut celle de Reims, dans laquelle
le célèbre Hincmar et son successeur, l'archevêque
Foulques, secondés par deux moines de Saint-Germain
d'Auxerre, Remi et Hucbald, rétablirent les études.
Remi vint ensuite enseigner à Paris avec son compa-
gnon, et il ouvrit, vers 908, dans la capitale, la première école publique, qui est considérée, par les savants Bénédictins, comme le berceau de l'université.

[1] *Dissertation*, etc., 5.

Les invasions des Normands et la chute des derniers débris de l'empire carlovingien arrêtèrent les
études. Mais ce ne fut qu'une halte dans le progrès.
Le 3 juillet 987, le comte de Paris, Hugues-Capet,
monta sur le trône, et nous allons voir, dès cette époque, la civilisation s'établir, en même temps que le
monde politique, sur des bases inébranlables.

3

CHAPITRE II.

Depuis Hugues-Capet jusqu'à saint Louis. (987-1226.)

« C'était une croyance universelle au moyen âge, que le monde devait finir avant l'an mil de l'incarnation. Avant le christianisme, les Étrusques aussi avaient fixé leur terme à dix siècles, et la prédiction s'était accomplie. Le christianisme, passager sur cette terre, hôte exilé du ciel, devait adopter aisément ces croyances. Le monde du moyen âge n'avait pas la régularité extérieure de la cité antique, et il était bien difficile d'en discerner l'ordre intime et profond. Ce monde ne voyait que chaos en soi ; il aspirait à l'ordre et l'attendait dans la mort[1]. » Cette terreur arrêta toute pensée d'avenir ; l'humanité ne songea qu'à sa fin prochaine.

Mais ces effroyables misères, qui désolèrent l'Europe au commencement du neuvième siècle, eurent un terme, et l'espérance revint dans les cœurs ; les études recommencèrent avec une nouvelle ardeur. Le second roi capétien, le bon Robert, était *sage et lettré*, dit la chronique de saint Bertin, *passablement*

---

[1] M. Michelet, *Histoire de France*, II, 132.

philosophe et excellent musicien ; il composa plusieurs
hymnes et motets religieux qu'on chante encore aujourd'hui. Son maître avait été le célèbre Gerbert,
qui fut pape sous le nom de Sylvestre II, et dont la
science fit croire à la magie. Cet homme distingué,
protégé par ceux qu'il avait aidé à monter sur le trône,
vint enseigner, dit-on, au cloître Notre-Dame, dans
l'école fondée par Remi et Hucbald. Parmi les savants qui lui succédèrent, on remarque Lambert,
élève du fameux Fulbert de Chartres; Drogon ; Ma-
negold de Lutembach, dont les filles enseignaient la
théologie aux femmes [1] ; Robert d'Arbrissel, fondateur de l'abbaye de Fontevrault ; Marbodus, plus
tard évêque de Rennes ; Yves, qui devint évêque de
Chartres ; le théologien Pierre-le-Mangeur (*Petrus
comestor*) ; Adam de Petit-Pont, qui enseignait la
grammaire, la rhétorique et la dialectique ; Michel de
Corbeil et Pierre le Chantre, qui professaient la théologie ascétique ; et Roscelin, chanoine de Compiègne,
le chef de la secte des *nominaux*.

Le plus célèbre des maîtres de l'école de la cathédrale, celui qui, par son enseignement, lui donna la
plus grande célébrité et l'éleva au-dessus des écoles
de Reims, d'Orléans, de Chartres, ses rivales, c'est
Guillaume de Champeaux. Fils d'un laboureur de
Champeaux, en Brie, Guillaume avait pris, suivant
l'usage, le nom du lieu de sa naissance. Formé sous
Anselme de Laon, il était venu enseigner à Paris la

---

[1] *Hist. lit.*, VII, 32.

rhétorique, la dialectique, la théologie avec un immense succès. Il fut brutalement interrompu, au milieu de son triomphe, par un homme dont le nom est trop populaire pour que je ne lui consacre pas ici quelques pages.

Fils d'un petit châtelain de la Bretagne, Pierre Abailard naquit, en 1079, à Palais, bourg situé à quelques lieues de Nantes. Son goût l'entraîna vers l'étude, dès l'âge le plus tendre, et, pour s'y livrer avec moins de distraction, il abandonna à ses frères son droit d'aînesse et ses biens. Il était doué d'une facilité prodigieuse, et quoique la Bretagne possédât alors des professeurs distingués, il eut bientôt épuisé toute leur science. Il se rendit alors à Paris (il avait à peu près vingt ans), et il suivit assidûment les leçons de Guillaume de Champeaux; mais bientôt l'élève eut surpassé le maître. Abailard se faisait un jeu d'embarrasser Champeaux dans ses propres subtilités, de le réduire au silence par sa puissante logique. A l'amitié qui les avait unis d'abord, la haine succéda vite, et Abailard fut obligé de quitter Paris, et de se retirer à Melun, puis à Corbeil. Une foule d'étudiants le suivirent partout, empressés de recueillir ses moindres paroroles, et il effaça en peu de temps, par sa renommée, celle, dit-il, *qu'avaient acquise peu à peu les maîtres de l'art* [1]. Mais l'envie et la persécution le suivirent aussi,

---

[1] Cæcilius Frey, médecin de la Faculté de Paris, fait du savoir d'Abailard cet éloge aussi grand que laconique :

　　　　Hic solus scivit scibile quiquid erat.

et tant par les chagrins qui l'assiégeaient déjà que par suite de l'extrême assiduité de ses études, il tomba malade, et retourna dans son pays natal.

Lorsqu'Abailard revint à Paris, deux ans après, il trouva Guillaume de Champeaux retiré au monastère de Saint-Victor, sur la montagne Sainte-Geneviève, où il avait pris l'habit de chanoine régulier. Se lassant bientôt d'une vie oisive, et cédant aux sollicitations d'Hildebert, évêque du Mans, Champeaux fonda une nouvelle école et enseigna à Saint-Victor. Il y consolida son immense réputation, et vit même son ancien élève parmi ses auditeurs. Mais cette réconciliation ne fut qu'apparente. La querelle entre ces deux grands hommes recommença avec plus de violence que jamais au sujet de cette éternelle querelle des *réalistes* et des *nominaux* [1]. Champeaux s'était déclaré pour les premiers, son rival avait suivi l'opinion des *nominaux*. La lutte s'engagea ; Abailard poursuivit son adversaire avec acharnement, le pressa de toutes parts, l'attaqua sur le système des *universaux*, l'un des dogmes essentiels du parti réaliste, et l'obligea à s'avouer vaincu. Dès lors le mouvement philosophique reconnut Abailard pour son chef. Champeaux, qui, peu de

---

[1] « Les *nominaux* étaient ainsi appelés parce qu'ils n'accordaient aux idées générales d'autre existence, hors de l'entendement, que celle des noms dont on se sert pour les exprimer, tandis que leurs adversaires, les tenant pour des substances réelles, en prirent le nom de *réalistes*. » *Notice sur Abailard,* par M. et Mme Guizot. — Ainsi, par exemple, Roscelin disait : « L'homme vertueux est une réalité, la vertu n'est qu'un son. »

temps après, se retira de l'arène et mourut dans un cloître en 1121, fut abandonné, tandis que son adversaire voyait augmenter chaque jour sa puissance et sa gloire. Il fut revêtu d'un canonicat et investi d'une chaire de rhétorique et de philosophie. Les écrivains contemporains nous ont transmis peu de détails sur ce célèbre enseignement; nous savons seulement que le professeur acquit une gloire immense, universelle. L'un des hommes les plus savants du siècle, Foulques, prieur de Deuil, dans une lettre adressée à Abailard lui-même, s'exprime ainsi sur cette époque de sa vie : « Rome t'envoyait ses enfants à instruire; et celle qu'on avait entendue enseigner toutes les sciences montrait, en te confiant ses disciples, que ton savoir était encore supérieur au sien. Ni la distance, ni la hauteur des montagnes, ni la profondeur des vallées, ni la difficulté des chemins, parsemés de dangers et de brigands, ne pouvaient retenir ceux qui s'empressaient vers toi. La jeunesse anglaise ne se laissait effrayer ni par la mer placée entre elle et toi, ni par la terreur des tempêtes, et à ton nom seul, méprisant les périls, elle se précipitait en foule. La Bretagne reculée t'envoyait ses habitants pour les instruire; ceux de l'Anjou venaient te soumettre leur férocité adoucie. Le Poitou, la Gascogne, l'Ibérie, la Normandie, la Flandre, les Teutons, les Suédois, ardents à te célébrer, vantaient et proclamaient sans relâche ton génie. Et je ne dis rien des habitants de la ville de Paris et des parties de la France les plus éloignées comme les plus rapprochées, tous avides de recevoir tes leçons, comme si près de toi seul ils eussent pu trouver l'enseignement. »

La montagne Sainte-Geneviève était le pèlerinage de la science. Aucune salle ne pouvait contenir les milliers d'auditeurs qu'évoquait la parole puissante du maître, et Abailard était presque toujours obligé de professer en plein air. Quelquefois même, dit-on, le nombre de ses élèves surpassait dans Paris celui des habitants[1]. De cette célèbre école sortirent un pape (Célestin II), dix-neuf cardinaux, plus de cinquante évêques ou archevêques de France, d'Angleterre et d'Allemagne, et un grand nombre de ces hardis novateurs, à la tête desquels on remarque Arnauld de Brescia. « Les prodigieux succès d'Abailard, dit un écrivain moderne, s'expliquent aisément. Il semblait que pour la première fois on entendait une voix libre, une voix humaine. Tout ce qui s'était produit dans la forme lourde et dogmatique de l'enseignement clérical, sous la rude enveloppe du latin du moyen âge, apparut dans l'élégance antique qu'Abailard avait retrouvée. Le hardi jeune homme simplifiait, expliquait, popularisait, humanisait. A peine laissait-il quelque chose d'obscur et de divin dans les plus formidables mystères. Il semblait que jusque-là l'église eût bégayé et qu'Abailard parlait. Tout devenait doux et facile ; il traitait poliment la religion, la maniait doucement, mais elle lui fondait dans la main. Rien n'embarrassait ce beau diseur ; il ramenait

---

[1] Pasquier, *Recherches*, liv. VI, c. 17.

la religion à la philosophie, la morale à l'humanité[1]. »

Au milieu de ces triomphes survint ce grand épisode de la vie d'Abailard, qui n'a pas peu contribué à populariser son nom. Je veux parler de ses amours avec Héloïse. L'éloquent philosophe n'était point seulement le premier professeur des écoles de Paris, c'était un beau et brillant chevalier, homme du monde, poëte, musicien, dont l'extérieur séduisant augmentait la réputation. « J'en étais venu au point, dit-il, que quelque femme que j'honorasse de mon amour, je n'avais à craindre aucun refus. » Abailard avait alors trente-quatre ou trente-cinq ans; mais entraîné par le torrent des affaires et sa propre activité, il n'avait jamais songé à chercher des succès si faciles, lorsqu'il rencontra Héloïse, nièce d'un chanoine de Paris, nommé Fulbert. Héloïse, à peine âgée de dix-huit ans, occupait l'attention publique par sa beauté, son mérite et son savoir. Abailard la vit, et en devint éperdument amoureux; de son côté, la jeune fille ne put résister à l'ascendant de cet homme célèbre. Fulbert ne vit dans cette préférence pour sa nièce que l'amitié d'un savant pour une femme avide de science, et il eut l'imprudence de le loger dans sa propre maison [2], afin qu'il fût plus à portée de surveiller l'éducation d'Héloïse. Mais bientôt les amours de son hôte et de sa pupille devinrent publiques, et

[1] M. Michelet, II, 283.

[2] « On montre encore dans la Cité une maison qu'on dit avoir été celle de Fulbert. » M. de Gaulle, *Hist. de Paris*, I, 455.

il l'apprit par les chansons qu'Abailard avait composées en l'honneur de sa maîtresse, et qu'on répétait
dans les rues. Pour la soustraire aux mauvais traite-
ments de l'oncle furieux, Abailard s'enfuit avec Héloïse en Bretagne, où elle lui donna un fils qu'ils
nommèrent Astrolabe. Peu après, il l'épousa, et,
pour la tenir éloignée de Fulbert, il la conduisit au
couvent d'Argenteuil. Le chanoine, se figurant qu'il
avait dessein de l'abandonner, résolut d'en tirer une
atroce vengeance; il le fit surprendre par ses gens,
pendant la nuit, et lui fit subir l'horrible mutilation
que vous savez. L'assassin fut dépouillé de ses biens
et exilé, mais Abailard dut aller cacher son désespoir
au monastère de Saint-Denis. Héloïse prit le voile à
Argenteuil, et son malheureux amant prononça ses
vœux le lendemain (1120).

Il n'entre point dans mon sujet de raconter avec
détails la vie d'Abailard. Ce ne fut plus, jusqu'à sa
mort, qu'une suite de persécutions et de malheurs.
Ses élèves l'avaient supplié de reprendre son enseignement; il céda, et se retira à la campagne, dans une
maison dépendante du monastère. Les amis de la
science, qui accoururent à sa voix, étaient en si grand
nombre, que, suivant ses propres expressions, « les
logements ne suffisaient pas pour les contenir, le pays
pour les nourrir. » Mais ses ennemis, à la tête desquels était saint Bernard, l'accusèrent d'hérésie; il fut
traduit devant un concile, condamné sans être en-
tendu, et enfermé à Saint-Médard de Soissons. Il
obtint bientôt après la permission de retourner à

Saint-Denis ; là , les persécutions redoublèrent. Abailard, voulant réformer les mœurs du couvent, et
osant douter que saint Denis l'aréopagite fût jamais
venu en France, excita un orage si violent, qu'il fut
obligé de s'enfuir sur les terres du comte de Champagne, à Provins [1]. Puis , il se retira dans un lieu
désert , à deux lieues de Nogent , où il construisit un
ermitage qu'il nomma le *Paraclet*, le *Consolateur*. Ses
disciples le suivirent dans sa retraite, et peuplèrent le
désert ; on le força encore de se taire et d'accepter, en Bretagne, le prieuré de Saint-Gildas. De nouveaux malheurs l'attendaient dans cet asile : ses moines, qu'il voulait réformer, tentèrent de l'empoisonn-
ner. Dans son désespoir, il songea, dit-on, à se retirer
en Terre-Sainte ; mais avant son départ, il comparut
devant le concile de Sens. Abailard n'osa se défendre,
et en appela au pape. Innocent II , qui devait le trône
pontifical à saint Bernard , ordonna d'enfermer le
prétendu schismatique ; celui-ci l'avait prévenu en
se réfugiant au monastère de Cluny. L'abbé Pierre
le Vénérable le réconcilia peu à peu avec ses ennemis, et le pape leva l'excommunication ; mais il était
trop tard. Abailard, épuisé par ses travaux, abattu
par l'adversité, mourut deux ans après, au prieuré
de Saint-Marcel, près Châlons-sur-Saône, le 21 avril
1142, à l'âge de soixante-trois ans. Héloïse avait le
même âge lorsqu'elle mourut, vingt-un ans après.
Les deux amants furent ensevelis dans le même tom-

---

[1] *Hist. de Provins,* par Félix Bourquelot, I, 108.

beau. « Ils y reposent encore l'un et l'autre (dans le
cimetière du Père-Lachaise), après six cent soixante-
quinze ans, et, tous les jours, de fraîches couronnes,
déposées par des mains inconnues, attestent pour les
deux morts la sympathie sans cesse renaissante des
générations qui se succèdent. L'esprit et la science
d'Abailard auraient fait vivre son nom dans les livres,
l'amour d'Héloïse a valu, à son amant comme à elle,
l'immortalité dans les cœurs [1]. »

M. Cousin, dans son *Introduction* aux ouvrages iné-
dits d'Abailard, a parfaitement apprécié l'enseignement de ce grand homme, qu'il nomme le *Descartes du
douzième siècle*. « Ce qui lui donne, dit-il, une place à
part dans l'histoire de l'esprit humain, c'est l'invention
d'un nouveau système philosophique et l'application
de ce nouveau système, et en général de la philosophie à la théologie. Sans doute, avant Abailard,
on trouverait quelques rares exemples de cette application périlleuse, mais utile, dans ses écarts même,
aux progrès de la raison ; mais c'est Abailard qui
l'érigea en principe : c'est donc lui qui contribua le
plus à fonder la scolastique, car la scolastique n'est
pas autre chose. Depuis Charlemagne, et même auparavant, on enseignait dans beaucoup de lieux un
peu de grammaire et de logique ; en même temps,

---

[1] *Notice de M. et Mme Guizot.* Cet essai historique, qui se
distingue par une sage critique et une grande érudition, se trouve
en tête de la belle publication des *Lettres d'Abailard et d'Héloïse,*
traduites sur les manuscrits de la Bibliothèque royale, par E. Od-
doul, 2 vol. grand in-8°, 1839.

un enseignement religieux ne manquait pas ; mais cet enseignement se réduisait à une exposition plus ou moins régulière des dogmes sacrés : il pouvait suffire à la foi, il ne fécondait pas l'intelligence. L'introduction de la dialectique dans la théologie pouvait seule amener cet esprit de controverse, qui est le vice et l'honneur de la scolastique. Abailard est le principal auteur de cette introduction ; il est donc le principal fondateur de la philosophie au moyen âge. De sorte que la France a donné à la fois à l'Europe la scolastique au douzième siècle par Abailard, et au commencement du dix-septième dans Descartes, le destructeur de cette même scolastique et le père de la philosophie moderne. Et il n'y a point là d'inconséquence ; car le même esprit qui avait élevé l'enseignement religieux ordinaire à cette forme systématique et rationnelle qu'on appelle la scolastique, pouvait seul surpasser cette forme même, et produire la philosophie proprement dite. Le même pays a donc très-bien pu porter, à quelques siècles de distance, Abailard et Descartes ; aussi remarque-t-on, entre ces deux hommes, une similitude frappante, à travers bien des différences.

« Abailard a essayé de se rendre compte de la seule chose qu'on pût étudier de son temps, la théologie ; Descartes s'est rendu compte de ce qu'il était enfin permis d'étudier du sien, l'homme et la nature. Celui-ci n'a reconnu d'autre autorité que celle de la raison ; celui-là a entrepris de transporter la raison dans l'autorité. Tous deux ils doutent et ils cherchent ;

ils veulent comprendre le plus possible, et ne se re-
poser que dans l'évidence : c'est là le trait commun
qu'ils empruntent à l'esprit français, et ce trait fonda-
mental de ressemblance en amène beaucoup d'autres ;
par exemple, cette clarté de langage qui naît sponta-
nément de la netteté et de la précision des idées.
Ajoutez qu'Abailard et Descartes ne sont pas seulement Français, mais qu'ils appartiennent à la même
province, à cette Bretagne dont les sentiments se
distinguent par un si vif sentiment d'indépendance
et une si forte personnalité. De là, dans les deux
illustres compatriotes, avec leur originalité naturelle,
une certaine disposition à médiocrement admirer ce
qui s'était fait avant eux et ce qui se faisait de leur
temps, l'indépendance poussée souvent jusqu'à l'esprit de querelle, la confiance dans leurs forces, et
le mépris de leurs adversaires, plus de conséquence
que de solidité dans leurs opinions, plus de sagacité
que d'étendue, plus de vigueur dans la trempe de
l'esprit et du caractère que d'élévation ou de profondeur dans la pensée, plus d'invention que de sens
commun, abondant dans leur sens propre, plutôt que
s'élevant à la raison universelle, opiniâtres, aventu-
reux, novateurs, révolutionnaires.... Pierre Abailard
est, avec saint Bernard, dans l'ordre intellectuel, le
plus grand personnage du douzième siècle. Comme
saint Bernard représente l'esprit conservateur et l'or-
thodoxie chrétienne, dans son admirable bon sens,
sa profondeur sans subtilité, sa pathétique éloquence,
mais aussi dans ses ombrages et dans ses limites par-

fois trop étroites , de même Abailard et son école
représentent en quelque sorte le côté libéral et novateur du temps, avec ses promesses souvent trom-
peuses et le mélange inévitable de bien et de mal ,
de raison et d'extravagance.... Malgré ses erreurs et
les anathèmes de deux conciles, sa périlleuse mais
féconde méthode est devenue la méthode universelle
de la théologie scolastique. Les erreurs s'effacèrent,
et la méthode resta, comme une conquête de l'esprit
d'indépendance. »

Je me suis fort étendu sur Abailard et son école,
parce que c'est là réellement le commencement de
l'université de Paris. Lorsque Louis-le-Gros monta
sur le trône (en 1108), il n'y avait dans la capitale
que quatre écoles, celles de Saint-Germain-des-Prés
et de Saint-Germain-l'Auxerrois, dont j'ai déjà parlé[1],
celle de Sainte-Geneviève[2] et la grande école de la
cathédrale qu'on nommait par excellence *Schola pa-
risiensis*. Mais sous Louis VI et ses successeurs, le grand
mouvement intellectuel imprimé par Abailard fit de
nouveaux progrès ; toutes les idées, toutes les études
convergèrent vers un centre, qui fut Paris. Les écoles

[1] *Voyez* p. 23.
[2] « Le chapitre de Sainte-Geneviève avait ses écoles , à l'imitation de la cathédrale , et son chancelier y avait les mêmes attri-
butions que celui de Notre-Dame. Il en résulta que lorsque l'université se fut étendue jusque sur le territoire de cette église , le
chancelier eut naturellement sur les écoliers la même inspection
que l'autre avait sur eux, hors de la terre de Sainte-Geneviève. »
M. de Gaulle, I, 171.

de la montagne Sainte-Geneviève et de Saint-Victor soutinrent leur réputation ; et, pour suffire à la multitude des étudiants , le chapitre de Notre-Dame fut obligé de fonder une succursale dans la petite église de Saint-Julien-le-Pauvre. Enfin, en 1147, sous le règne de Louis-le-Jeune, un collége fut établi à Paris ; c'était le collége de Dace ou de Danemarck, fondé pour les étudiants de cette nation, rue de la Montagne-Sainte-Geneviève [1]. Des hommes de mérite , et qui jouent un rôle dans l'histoire, enseignèrent à cette époque dans les différentes écoles de la capitale : Albéric, depuis évêque de Bourges, Robert de Melun, ensuite évêque d'Hereford en Angleterre, Gilbert de la Porée, le cardinal Yves de Saint-Victor, etc., etc. Citons aussi un illustre professeur du cloître Notre-Dame, dont les leçons attiraient un concours si prodigieux d'auditeurs, qu'il fut obligé, en 1127, de transporter sa chaire sur la place du Parvis : c'était Pierre Lombard, le *maître des sentences*. Ses deux adversaires, Pierre-le-Mangeur et Pierre-le-Chantre, n'étaient pas moins célèbres.

L'enseignement, au douzième siècle, était subtil et stérile, pour ainsi dire ; on le jugeait ainsi même à l'époque où cette vaine logique, qui faisait le fond de la philosophie, était en faveur. L'anecdote suivante en est la preuve : « En 1171, maître Silo, professeur de philosophie, pria un de ses disciples mourant de revenir lui faire part de l'état où il se trouverait dans

---

[1] *Id. Ibid.*, 472.

l'autre monde. Quelques jours après sa mort, l'écolier lui apparut revêtu d'une chape toute couverte de thèses, « *de sophismatibus descripta et flammâ ignis tota confecta.* » Il lui dit qu'il venait du purgatoire, et que cette chape lui pesait plus qu'une tour : « *Et est mihi data ut eam portem pro gloriâ quam in sophismatibus habui.* » En même temps, il laissa tomber une goutte de sa sueur sur la main du maître ; elle la perça d'outre en outre. Le lendemain, Silo dit à ses écoliers :

> Linquo coax ranis, cras corvis, vanaque vanis ;
> Ad logicem pergo, quæ mortis non timet ergo.

et il alla s'enfermer dans un monastère de Citeaux [1] »
Cependant l'enseignement ne tarda pas à sortir de l'ornière et à prendre quelques accroissements. Un moine italien ayant réuni tous les canons des conciles, les decrétales des papes, les décisions des Pères, sous le titre de *Concorde des canons discordants,* cet ouvrage fut prescrit par le pape Eugène III pour l'enseignement du droit ecclésiastique. Girard, surnommé *la Pucelle,* fut le premier qui professa cette science à Paris, en 1160; après lui, on remarqua Anselme, évêque de Meaux, Mathieu d'Angers, qui fut cardinal, et Étienne de Paris. La découverte des *pandectes* amena l'enseignement du droit civil. Mais, sur la plainte de saint Bernard, Alexandre III défendit aux

---

[1] Cette charmante anecdote est rapportée dans le tome deuxième de l'*Histoire de l'Université de Paris*, par Duboullai, p. 593. Elle a été traduite par M. Michelet, dans son Histoire de France.

moines d'étudier le droit et la médecine. Les conciles de Reims et de Tours, en 1131 et 1163, excommunièrent quiconque oserait les professer. Enfin, Honorius III défendit, par une bulle célèbre de 1220, d'enseigner à Paris le droit civil; cette défense absurde subsista jusqu'au dix-septième siècle, et il fallut toute l'autorité de Louis XIV pour fonder une chaire de cette faculté dans l'Université de Paris. La médecine, la *physique*, comme on disait alors, n'était point enseignée, et la plupart des hommes qui l'exercèrent alors méritaient en partie les sanglants reproches que leur adresse l'auteur du *Roman de la Rose* :

> Advocats et physiciens
> Sont tous liés de t els liens,
> Tels pour deniers sciences vendent,
> Et tous à cette hard se pendent,
> Tant ont le gain et doux et sade
> Qu'ils voudraient bien pour un malade
> Qu'il y en eût plus de cinquante.

Sous Philippe-Auguste, les écoles devinrent plus florissantes que jamais. On fonda plusieurs colléges : celui de Saint-Thomas-du-Louvre, établi par Robert de Dreux, quatrième fils de Louis-le-Gros ; celui des Bons-Enfants, fondé, en 1208, dans la rue qui porte ce nom, par un bourgeois de Paris, nommé Etienne Belot et Ada, sa femme [1] ; celui de Notre-Dame des dix-huit, situé sur l'emplacement actuel du jardin de

---

[1] « Cette maison reçut d'abord le nom d'hôpital des pauvres écoliers ; en effet, le collége ne leur donnait que l'instruction, et pour

4

la Sorbonne, et enfin celui de Constantinople ou collège
Grec. dans l'impasse d'Amboise, près la place Maubert. Ces divers établissements attestent l'accroissement de cette jeune population , qui venait étudier à
Paris ; le médecin Rigord, biographe de Philippe-Auguste, en nous donnant le récit d'une grande procession, faite pour obtenir la guérison de Louis, l'héritier
du roi, s'étonne de la *multitude infinie* d'écoliers qui assistaient à cette cérémonie. Aussi, voyons-nous commencer à cette époque ces luttes et ces querelles sanglantes, qui occupent pendant longtemps les annales
de l'Université. Les *clercs*, comme on disait au moyen
âge, avaient choisi un pré voisin de l'abbaye de
Saint-Germain-des-Prés pour le théâtre de leurs
amusements, et on lui avait donné, en conséquence,
le nom de *Pré-aux-Clercs*. Ce fut une source intarissable de rivalité et de discorde entre l'abbaye et l'Université. Les religieux, qui avaient la possession de ce
pré, voulaient en interdire l'entrée aux écoliers ; ceux-ci, opiniâtres et querelleurs, se portaient en foule au
Pré-aux-Clercs, et défendaient souvent les armes à la
main leurs prétendus droits. Deux rixes assez violentes eurent lieu, en 1163 et en 1192 ; dans cette dernière , un étudiant fut tué, plusieurs furent grièvement blessés. L'Université se plaignit hautement , et

vivre, ils étaient obligés de demander l'aumône, comme l'atteste le
Dit des crieries de Paris :

> Les bons enfants orrez crier ;
> Du pain ! ne les veuil pas oublier. »

M. de Gaulle, I, 566.

l'affaire ne fut assoupie que lorsqu'on eut sévèrement
puni plusieurs habitants du bourg de Saint-Germain,
premiers auteurs du tumulte.

« A la même époque, il s'éleva dans Paris, dit Félibien, une grande division entre les écoliers et les
bourgeois. En voici l'origine : Un gentilhomme allemand, nommé Henri de Jac, l'un des trois compéti-
teurs qui venaient d'être élus à l'évêché de Liége,
après la mort du dernier évêque Albert de Cuick, mort
au mois de février 1200, étudiait alors à Paris. Un de
ses serviteurs alla au cabaret pour acheter du vin, et y
fut maltraité. Les écoliers allemands, accourus sur
l'heure, frappèrent l'hôte de la maison si rudement
qu'ils le laissèrent à demi mort. Cet excès causa parmi
la populace une grande clameur, et la ville fut émue.
A ce bruit, Thomas, prevôt de Paris, armé et avec lui
une foule de peuple aussi en armes, coururent attaquer
le logis des écoliers allemands ; et dans ce combat,
le gentilhomme allemand et quelques-uns de ses gens
furent tués. Les maîtres des écoles de Paris en allèrent
aussitôt porter leurs plaintes au roi Philippe-Auguste,
qui fit mettre en prison le prévôt et tous les complices
que l'on put arrêter. Le roi, irrité, fit d'abord abattre
leurs maisons et arracher leurs vignes et leurs arbres
fruitiers. Il n'en demeura pas là : craignant que les
maîtres et les écoliers ne désertassent Paris, il fit une
ordonnance qui porte que, pour le crime énorme
commis contre des clercs et des laïques tués à Paris
au nombre de cinq, il en sera fait telle justice, savoir : Que le prévôt Thomas, dont les écoliers se

sont plaints, demeurera, parce qu'il nie le fait, toute
sa vie en prison , s'il n'aime mieux se justifier par
l'épreuve de l'eau, en sorte que, s'il succombe dans
l'épreuve, il sera condamné à mort, et s'il s'en sauve,
banni seulement de Paris, sans pouvoir être jamais
bailli dans aucune des terres du roi; qu'il en sera de
même des complices, mais que les fugitifs étaient déjà
tenus pour condamnés. De plus, que, pour la sûreté
des écoliers, le roi ferait désormais jurer tous les
bourgeois de Paris que s'ils voient à l'avenir un laïque
faire injure à un écolier, ils en rendront témoignage,
et ne se détourneront point pour ne pas le voir. Que
si un écolier est frappé, surtout à coups de pierres,
d'épée ou de bâton, ceux qui en seront témoins se
saisiront du coupable et le livreront entre les mains
des officiers du roi, pour en informer et faire justice.
L'ordonnance porte encore que ni prévôt, ni autre
officier de la justice du roi, n'arrêteront aucun écolier pour crime, ou qu'ils le rendront à la justice
ecclésiastique, en prenant toutefois connaissance, si
le cas est grave, de ce que deviendra l'écolier. Qu'à
l'égard du chef des écoles de Paris qu'on a depuis
appelé *recteur*, il ne pourra, pour aucun crime , être
arrêté que par le juge ecclésiastique. L'ordonnance
poursuit ainsi : « Quant aux serviteurs laïques des
écoliers, qui ne nous doivent ni bourgeoisie ni résidence, qui ne vivent point du trafic de marchandises,
et dont les écoliers ne se servent point pour faire injure à personne, notre justice ne mettra point la main
sur eux, si le crime n'est évident. » Le roi ajoute :

« Nous voulons que les chanoines de l'église de Paris et leurs domestiques soient compris dans ce même privilége, sans déroger en rien à la liberté qui leur a été accordée par les rois nos prédécesseurs. Et afin que l'ordonnance soit mieux gardée, le prévôt et le peuple de Paris jureront de l'observer littéralement en présence des écoliers ; et à l'avenir, tout prévôt entrant en charge le jurera de même publiquement [1], dans une des églises de Paris, le premier ou second dimanche après son installation. » Telle est l'ordonnance de Philippe-Auguste en faveur de l'Université de Paris, donnée à Bethisy, l'an 1200. C'est la plus ancienne qui se trouve pour exempter les écoliers, comme clercs, de la justice séculière. Saint Louis la confirma depuis, et commit à l'official de Paris toutes les causes, même criminelles, des écoliers de l'Université. Un auteur anglais, contemporain de Philippe-Auguste, dit que les écoliers supplièrent le roi de modérer la sentence contre le prévôt de Paris, et demandèrent seulement que lui et ses complices fussent châtiés publiquement, dans leurs écoles, *à la manière des écoliers*, et puis renvoyés en paix et rétablis dans leurs biens ; mais que le roi rejeta leur requête ; enfin, que le prévôt voulut se sauver quelque temps après de la prison, et que la corde, dont il se servit pour s'évader, se rompit, et qu'il tomba de si haut, qu'il expira sur le champ [2]. »

[1] Les prévôts ont en effet prêté ce serment jusqu'en 1592.

[2] *Histoire de la ville de Paris*, par D. Félibien et Lobineau, I, 229, *in-fol.*

Les immenses priviléges, accordés par Philippe-Auguste aux écoles de Paris, attestent l'importance de cette illustre corporation. Déjà sous Louis VII, en 1169, on avait vu Henri II, roi d'Angleterre, offrir de prendre pour arbitre dans sa querelle avec Thomas Becket, la cour des pairs de France ou les suppôts de l'Université. Les papes augmentèrent eux-mêmes les priviléges et les immunités des écoles, et en 1194, Célestin III déclara que, dans toute espèce d'affaires, les clercs ne seraient jugés que d'après le droit canon et par les tribunaux ecclésiastiques du lieu où ils étudieraient, prérogative qui devint plus tard une source de si grands abus, qu'on fut obligé de l'abolir[1]

J'ai dit combien était absurde cette opinion qui faisait remonter au règne de Charlemagne l'origine de l'Université de Paris. Comme l'observe avec raison M. de Gaulle[2], s'il ne s'agissait que d'écoles isolées, il serait facile d'en trouver sous la deuxième race des rois de France. Mais, si nous voulons voir celles de Paris réunies sous un même régime et formant un seul corps, ne portons pas nos regards plus loin que le douzième siècle : ce ne sera même qu'au treizième que nous verrons cette association prendre de l'éclat, un nom, de la consistance. Les annales de l'Université ne commencent réellement qu'aux règnes de Philippe-Auguste et de saint Louis.

Les écoles établies près des églises cathédrales ont

[1] Les membres de l'Université n'eurent plus que le droit d'évoquer toutes leurs causes au Châtelet.

[2] *Nouvelle Hist. de Paris*, II, 126.

été, sans nul doute, les premiers germes de celles qui
ont pris le nom d'universités [1]. L'Université de Paris
a donc pour origine les écoles de Notre-Dame et de
Sainte-Geneviève. Les chanceliers de ces deux églises
en ont été les premiers supérieurs, les seuls, à vrai
dire, jusqu'en 1191, et la faible juridiction que, dans
le dernier siècle, ces dignitaires exerçaient encore sur
elle, comme nous aurons occasion de le voir, était une
preuve et un souvenir de celle qu'ils avaient autrefois possédée. Alexandre III, dérogeant aux canons
des conciles de Londres et de Latran, autorisa même
Pierre-le-Mangeur, chancelier de l'église de Paris, à
exiger un droit modique de ceux auxquels il accordait la permission d'enseigner. En ce temps-là, la
corporation, formée par les écoles parisiennes, était
appelée *Studium generale*. En 1290, on la désigna pour
la première fois sous le nom d'*Universitas*. Ce nom, du
reste, avait été d'abord donné à de tout autres associations. Il ne s'agissait point d'écoles, lorsque Eugène III, s'adressant aux chanoines de Saint-Gene-
viève, disait *universitati vestræ*, non plus que lorsque,
au treizième siècle, Honorius III se servait précisément
des mêmes termes, en parlant à tous les prélats de la
chrétienté. Mais, quand les maîtres furent devenus
très-nombreux dans une même ville, et y eurent attiré
une grande affluence d'étudiants, on employa le mot
universi et ensuite *universitas*, pour désigner les uns et
les autres. Les expressions *scholares universi*, *universi-*

[1] *Hist. littér. de la France*, XVI, 41.

tas scholarium, comprenaient à la fois indistinctement
les maîtres et les disciples. Appliqué d'abord aux écoles de Paris, le nom d'université le fut successivement
à celles de Bologne, d'Oxford, de Toulouse, d'Orléans,
d'Angers, de Montpellier, de Bourges, etc.

Nous avons vu que le nombre des étudiants, à
Paris, ne faisait que s'accroître. L'autorité ecclésiastique s'empressa, dès le douzième siècle, de promul-
guer des lois et des règlements pour cette jeune population qui formait une cité dans la Cité même. Les
désordres des clercs furent punis par des peines ecclésiastiques, même par l'excommunication; ils allaient à
Rome se faire absoudre. Mais, pour éviter les fréquents
pèlerinages qui donnaient lieu ordinairement à des
déréglements nouveaux, Innocent III conféra le pouvoir de prononcer les absolutions à l'abbé de Saint-
Victor. On comptait parmi les étudiants beaucoup
d'ecclésiastiques, de bénéficiers et de curés. Les papes dispensèrent d'abord de la résidence les bénéficiers qui recevaient, dans les écoles particulières de
leurs diocèses, des leçons de théologie. Bientôt ce privilége fut étendu à tous les élèves des universités,
même à ceux qui n'étudiaient que la jurisprudence.
Les supérieurs des monastères et les évêques envoyè-
rent donc, chaque année, à l'Université de Paris des
religieux et des chanoines; et pour loger ces étudiants, Nicolas III et Boniface VIII permirent d'acquérir des maisons dans la ville et les faubourgs.
Telle fut l'origine de la plupart des collèges. Les
écoliers arrivèrent, au moyen âge, en si grand nom-

bre, et de tant de pays divers dans cette belle et glo-
rieuse université de Paris, que M. Michelet appelle
« la grande gymnastique intellectuelle du monde »,
qu'il fallut les diviser par provinces. « L'on comprend, dit un vieil historien, et l'on divise tous les
escholiers (de quelque nation que ce soit) en quatre
nations. La première nation dite de *France*, est divisée en cinq provinces, dictes de Paris, de Sens, de
Rheims, de Tours et de Bourges : la province de Paris
comprend les diocèses de Paris, Meaux et Chartres;
celle de Sens, ceux de Sens, Orléans, Nevers,
Vienne, Lyon, Troye, Auxerre, Bourgogne, Besan-
çon et Savoye; celle de Rheims, ceux de Rheims,
Thou, Metz, Senlis, Châlons, Verdun et Soissons;
celle de Tours, ceux de Tours, Mans, Angers, de
Saint-Brieu, de Saint-Mallon ou Saint-Malo, Dol,
Nantes, Leon, Rennes, Vannes, Triquet et Cor-
nouaille; et celle de Bourges, ceux de Bourges,
Toulouse, Poitiers, Auch, Arles, Embrun, Espagne,
Arménie, Médie, Syrie, Samarie, Lombardie, Venise,
la Pouille, Bordeaux, Narbonne, Avignon, Aix, et les
nations de Romanie, Egypte, Perse, Palestine, Italie,
Gênes, Naples, Sicile et autres, non comprises toutes
les autres provinces. La seconde nation, qui est dicte
de *Picardie*, est divisée en deux parties ou provinces,
dont la première contient les diocèses de Beauvais,
Amiens, Noyon, Arras et Therouenne; et la seconde
ceux de Cambray, Tournay, Traiect, Laon et Liége.
La troisième nation, dite *de Normandie*, contient
Rouen avec ses suffragants, Avranches, Coutances,

Lisieux, Bayeux, Evreux et Seez. La quatrième nation, dite d'*Allemagne* [1], est divisée en trois provinces :
la première comprend celles de Bohême, Constance,
Pologne, Hongrie, Bavière, Magonce, Tréves, Stras-
bourg ou Argentine, Lausanne, Danemarck, Suisse,
Basle et Auguste ; la seconde, dite des Bas-Allemands,
comprend le pays de Cologne, Hollande, Prusse, Saxe,
Lorraine, et une partie de ceux du Traict ou Taject
et de Liége, dont l'autre partie est de la nation de
Picardie, selon la limitation qui fut faicte du consentement des nations, en l'an 1358, par laquelle il fut
dit que les fleuves de Meuse et Moselle sépareraient
les Picards des Allemands, et semblablement les Allemands des Français, et que du costé de Savoye le
lac de Lausanne séparerait aussi les Français des Al-
mands. La troisième province de la nation d'Allemagne ne comprend que l'Ecosse, l'Angleterre et Hibernie (Irlande) [2]. »

Dès le treizième siècle, chaque nation était représentée et pour ainsi dire gouvernée par un syndic ou
procureur ; ces officiers, élus dans l'église de Saint-
Julien-le-Pauvre, tenaient des registres où ils inscri-
vaient, moyennant une rétribution, les noms des
écoliers dont ils devaient défendre les intérêts et surveiller la conduite. Les hommes les plus distingués
ont rempli, à diverses époques, ces importantes fonctions.

[1] Elle avait remplacé au quinzième siècle la *nation d'Angleterre.*
[2] *Théâtre des antiquités de Paris*, par le père Dubreuil, religieux de Saint-Germain-des-Prés, in-4°, 1612, p. 606.

Malgré l'âge avancé de la plupart des écoliers, les
quatre nations formaient une république turbulente
et indisciplinable. C'étaient chaque jour des scènes
de scandale, qui se terminaient souvent par des rixes
sanglantes. L'étudiant était l'effroi du bourgeois; car
les clercs ne respectaient rien. « Ils sont plus adonnés
à la gloutonnerie qu'à l'étude, disent les historiens
contemporains; ils préfèrent quêter de l'argent plutôt
que de rechercher l'instruction dans les livres, ils
aiment mieux contempler les beautés des jeunes filles
que les beautés de Cicéron. On voyait souvent dans
la même maison un lieu de débauche et une école'...
Les écoliers, ajoutent-ils, se querellent toujours : les
Anglais sont ivrognes et poltrons; les Français fiers,
mous et efféminés; les Allemands furibonds et ob-
cènes en propos; les Normands vains et orgueilleux;
les Poitevins traîtres et avares; les Bourguignons
brutaux et sots; les Bretons légers et inconstants; les
Lombards avares, méchants et lâches; les Romains
séditieux et violents; les Siciliens tyrans et cruels;
les Brabançons voleurs; les Flamands débauchés. »
Malgré leurs désordres et leur mauvaise réputation,
les écoliers de l'Université de Paris n'en avaient pas
moins d'immenses priviléges, accordés par le saint-
siége et par nos rois. Non seulement, comme nous
l'avons vu, ils ne dépendaient pas des autorités civiles,
mais on avait porté la faveur, à leur égard, jusqu'à

---

¹ « In unâ autem et eâdem domo scholæ erant superiùs, prosti-
bula inferiùs. » Duboullai, II, 687.

modérer le prix de leurs logements par des taxes au
delà desquelles les bourgeois ne pouvaient rien leur
demander. Mais ils abusaient à un tel point de ces
priviléges excessifs, que l'official, en 1218, d'après
les ordres de l'évêque Guillaume de Seignelay, dut
leur interdire le port des armes.

Dans la célèbre ordonnance de Philippe-Auguste,
qui confirme les priviléges universitaires, il est fait
mention du *chef* de l'étude. Ce chef, c'est le recteur,
personnage important, qui joue un grand rôle dans
l'histoire. Ce haut dignitaire n'exerça d'abord ses
fonctions que pendant six semaines. En 1265, on les
prolongea pendant trois mois, et, à partir du dix-
septième siècle, elles durèrent deux ans. Le recteur
ne pouvait être pris que dans la faculté des arts : il
était élu par des députés des quatre nations. « On
enferme les électeurs, dit le Père Dubreuil, en un
certain lieu, d'où il ne leur est loisible de sortir, s'ils
ne nomment le nouveau recteur. Et cette élection se
doit faire et conclure dans le temps qu'une bougie de
certain poids, préparée pour ce sujet, peut demeurer
à brûler. Etant expressément défendu à tous bedeaux
ou autres officiers de l'Université, et même aux sim-
ples écoliers d'icelle, d'aller vers les électeurs pour
leur recommander aucun, quel qu'il soit, qui aspire
à l'office, et auxdits électeurs de manger et de boire
au lieu où ladite élection se fait. Sur laquelle ne se
pouvant accorder, c'est aux maistres d'arts d'y envoyer d'autres et de faire sortir les premiers, auxquels il n'est plus loisible d'y pouvoir rentrer. » Dès

que la nomination était promulguée, le nouveau recteur, précédé des bedeaux à masses d'argent, sans
lesquels il ne sortait jamais, ordonnait une procession à laquelle assistaient tous les suppôts de l'Université, « chacun en leur rang et avec un tel ordre,
qu'il semble que ce soit un sénat vénitien qui accompagne son duc à la cérémonie des épousailles. »

Voici quelles étaient les principales prérogatives du
chef de l'Université, dont nous aurons désormais à
parler à chaque page de cette histoire : « Dans les
actes publics de quelque faculté que ce soit, le recteur précède le nonce du pape, cardinaux, pairs de
France, et ambassadeurs de quelque prince que ce
soit. Et lorsque les rois font leurs entrées, il est des
premiers qui luy vont au-devant; il luy promet et
jure obéissance, au nom de l'Université, et reçoit de
Sa Majesté la confirmation de ses priviléges. Quand le
légat du pape vient faire son entrée à Paris, ledit
recteur se présente à luy dans la ville (car il n'en sort
que pour les roys et papes en personne), et luy fait
jurer de n'altérer, ny diminuer les priviléges donnés
par les anciens papes à l'Université de Paris. Et aux
mariages des roys, il est introduit avec ses suppôts,
avec autant d'honneur que l'on en fait à messieurs de
la cour, et a son siége et rang, comme représentant
la *fille aînée* des roys de France. Seulement il n'assiste
point aux sacres des roys, pour ce qu'ordinairement
ils se font en d'autres villes que la nostre, dehors
laquelle ce magistrat n'est plus reconnu, pour ce qu'il
n'a autorité que sur les lieux où son escole est tenue.

Mais aux enterrements des roys, alors que l'on porte leurs corps de l'église Nostre-Dame en celle de Saint-Denys en France, il marche avec l'évesque de Paris, l'un d'un costé de la rue, l'autre de l'autre[1]. »

L'Université de Paris s'organise donc peu à peu. On discerne déjà les quatre facultés[2], dont la principale est celle de la théologie : la faculté des arts est désignée par les noms de Grammaire et de Philosophie, le plus souvent par ce dernier seul; on aperçoit les grades de bachelier, de licencié, et de maître ou docteur. Le premier de ces titres provenait du nom que portaient les jeunes et bas chevaliers, non encore baronnets, et qu'on appliquait aux professeurs dont on éprouvait les talents ; ils expliquaient les quatre livres du *Maître des sentences* jusqu'à ce qu'ils obtinssent la licence ou la permission d'enseigner. Enfin, en 1203, l'Université joignit à ses nombreux officiers un syndic ou agent, chargé de la représenter dans toutes les affaires[3]. Mais cependant, malgré l'appui du roi et du pape, les chefs de l'Université naissante virent leurs pouvoirs attaqués par le clergé, qui avait exercé pendant si longtemps une domination souveraine sur les écoles. Le chancelier de Notre-Dame, Jean de Candel, qui avait seul le droit d'accorder la permis-

---

[1] Le P. Dubreuil, 605.

[2] Comprises d'abord dans les nations, les facultés furent, depuis 1255, toujours distinctes et spécifiées : chacune d'elles, depuis 1267, fut présidée par un doyen.

[3] Le syndic devait être élu par les nations, ainsi que le receveur et le greffier.

sion d'enseigner dans l'étendue entière du diocèse, ou
du moins dans le territoire qui relevait immédiatement de la cathédrale, porta ses prétentions beaucoup
plus loin : il se faisait payer les *licences*, malgré les
décrets des paps et des conciles ; il voulait obliger
les professeurs à lui prêter obéissance ; il abusait du
droit que ses prédécesseurs s'étaient arrogé de lancer
en certains cas des sentences d'excommunication ; il
exigeait de ceux, qui voulaient en être absous , des
amendes qui tournaient à son profit ; enfin il avait
résolu d'interdire à l'Université l'enseignement de la
théologie et du droit canon, et de renfermer cet enseignement dans les écoles épiscopales et claustrales,
placées sous sa surveillance directe. L'Université eut recours au Saint-Siége, qui nomma deux commissaires,
l'évêque et le doyen de Troyes. D'après la décision de
ces prélats, l'Université fut maintenue en pleine possession de ses immunités, sauf l'obligation d'obtenir
du chancelier, mais gratuitement, la licence [1].

Le successeur du chancelier Candel, Philippe de
Grève, attaqua l'Université avec plus d'audace. Sous
prétexte que les membres du corps enseignant formaient des associations et contractaient des obliga-
tions communes, sans son consentement ni celui de
l'évêque, il excommunia, en 1219, les maîtres des
arts libéraux et leurs écoliers , suspendit les professeurs de leurs fonctions, et fit emprisonner plusieurs
étudiants. Mais Honorius III se déclara le protecteur
de cette Université parisienne, qui , disait-il, répan-

---

[1] M. de Gaulle, II, 129.

dait les eaux salutaires de la doctrine, arrosait et
fécondait les terres de l'église catholique, et il réprima *l'insolence* (c'est l'expression de la bulle) du
chancelier et de ses complices. L'évêque, le doyen
et le chantre de Troyes reçurent l'ordre de procla-
mer l'annulation de la sentence prononcée par le
chancelier, et de toute excommunication qu'on oserait lancer à l'avenir contre l'Université, sans un
mandat spécial du siége apostolique. Plusieurs autres
tentatives de Philippe de Grève n'eurent pas un meilleur succès, et l'Université brisa facilement toutes les
entraves qu'on voulait lui opposer, dès son origine.
En même temps, elle recevait les règlements de discipline, qui achevaient son organisation. Les premiers
furent rédigés, vers 1208, par huit commissaires ;
les dispositions principales de ces statuts consistent à
prescrire la modestie dans les vêtements, le maintien
de l'ancien ordre des leçons et des disputes scolastiques, et l'exactitude à célébrer des services pour les
clercs décédés. D'autres plus importants furent donnés à l'Université, en 1215, par le légat du pape, Robert de Courçon, né en Angleterre, et qui jadis avait
achevé à Paris ses études commencées à Oxford.
Courçon ordonna pour la faculté des arts l'explication de la grammaire de Priscien et la dialectique
d'Aristote, mais il prescrivit la physique et la méta-
physique de ce philosophe ; il voulut qu'on ne pût
enseigner la philosophie qu'à l'âge de vingt-cinq ans
et après six années d'étude, la théologie qu'après
huit années d'étude et à l'âge de trente-cinq ans ; les

bacheliers ne purent désormais obtenir la licence et le titre de maîtres qu'après avoir professé pendant quelque temps ; il limita la juridiction du chancelier et maintint les écoles dans la possession du Pré-aux-Clercs. Enfin un article spécial s'occupa des habillements des suppôts de l'université. Les souliers *à la poulaine* furent sévèrement défendus, et le réformateur ajouta : « Que nul maître n'ait une chappe, qui ne soit ronde, noire et tombant jusqu'au talon, du moins lorsqu'elle est neuve. »

A la mort de Philippe-Auguste, l'Université naissante était établie sur des bases solides, les études prospéraient, chaque jour était illustré, pour ainsi dire, par une victoire de l'intelligence. Aussi un auteur contemporain s'écrie-t-il avec enthousiasme :

> Clergie regne ores à Paris ;
> Ensi comme elle fu jadis
> Athènes qui siet en Grèce :
> Une cité de gran noblesse.

CHAPITRE III.

Louis IX, à son avénement au trône, s'empressa
de ratifier les priviléges accordés à l'Université par
Philippe-Auguste, son aïeul.

Les historiens placent, dès le commencement de ce
règne, un événement frivole dans son principe, mais
dont les conséquences pouvaient être fort graves. L'U-
niversité s'était toujours servie, pour sceller ses actes,
du sceau de l'évêque de Paris; mais, soit que l'évêque
prétendît percevoir un droit pour cet usage, soit que
l'Université, en haine du chancelier, cherchât à se-
couer le joug de la puissance ecclésiastique, elle se
fit fabriquer un sceau particulier. Le cardinal de
Saint-Ange, légat du pape en France, étant arrivé à
Paris, les chanoines de Notre-Dame citèrent devant
lui l'Université, pour qu'elle eût à ne point se servir
du nouveau sceau. La cause ayant été plaidée de part
et d'autre, l'Université convint avec les chanoines
de prendre le légat pour arbitre, et remit entre ses
mains le sceau qui faisait l'objet du différend. Le
légat, sans autre délibération, rompit le sceau, en

criant anathème contre ceux qui en feraient fabriquer un autre. Les docteurs se récrièrent hautement ; les élèves, indignés, se soulevèrent, prirent les armes, et, sourds à la voix de leurs maîtres, jurèrent de venger les prérogatives de leurs écoles, violées par le légat. Ils assiégèrent la maison du cardinal, brisèrent les portes, et allaient peut-être se porter aux dernières violences, lorsque le roi envoya des soldats qui repoussèrent les écoliers par la force des armes, et délivrèrent le légat. C'est à l'occasion de cette insulte qu'Honorius déclara « que quiconque oserait poursuivre un cardinal, à main armée, serait déclaré infâme, criminel de lèse-majesté, excommunié, banni, ses maisons rasées, ses biens confisqués. » Mais bientôt après, l'objet de la querelle disparut, et vers l'an 1245, Innocent IV accorda à l'Université le droit d'avoir un sceau particulier[1].

Nous arrivons enfin à la célèbre émeute de 1229, événement fort grave, dont le récit est fait avec beaucoup d'exactitude et d'impartialité dans l'*Histoire manuscrite de saint Louis*, par Lenain de Tillemond[2] : « Le lundi gras 26 mai 1229 (c'était alors comme aujourd'hui un jour de congé dans l'Université), quelques écoliers picards étant sortis de Paris pour aller se divertir du côté de Saint-Marcel, après avoir joué quelque temps, s'en allèrent boire à un cabaret

[1] Félibien, I, 269.
[2] Cet ouvrage consciencieux et d'une érudition remarquable, est aux manuscrits de la bibliothèque royale, suppl. fr. n° 2013. — M. de Gaulle en a donné des extraits dans son *Histoire de Paris*.

du faubourg, où ils trouvèrent du bon vin. Quand il fallut payer, ils prirent querelle avec le cabaretier. Les voisins vinrent au bruit, battirent les écoliers, et les chassèrent. Ceux-ci ramenèrent, le lendemain, leurs compagnons, qui entrèrent de force chez le cabaretier, défoncèrent tous les muids, attaquèrent et blessèrent tous ceux qu'ils trouvèrent dans les rues, hommes et femmes. Le doyen de Saint-Marcel alla porter sa plainte devant le cardinal romain et devant Guillaume, évêque de Paris. Guillaume aurait dû retenir la cause devant lui et son official, selon les priviléges accordés à l'Université en 1200, par Philippe-Auguste, et confirmés en 1228 par saint Louis. Mais, soit qu'il fût moins favorable à l'Université, à cause des entreprises qu'elle faisait contre l'autorité épiscopale, soit qu'il jugeât que la faute des écoliers devait être punie par la puissance royale, lui et le légat allèrent promptement trouver la reine, qui gouvernait toutes choses, et la prièrent de tirer vengeance d'un si grand crime. La reine alla un peu trop vite en cette occasion, et au lieu de faire les choses dans l'ordre de la justice, elle envoya en diligence le prévôt de la ville et quelques archers pour punir les coupables, sans épargner personne. Les archers étant sortis de la ville et ayant trouvé des écoliers qui n'avaient point eu de part à l'insolence des Picards, ils se jetèrent sur eux, en tuèrent et en blessèrent quelques-uns, et dissipèrent le reste.

« Les régents ayant appris ce qui s'était passé cessèrent tous leurs leçons, vinrent se présenter à la reine

et au légat, et demandèrent justice de la violence
qu'on avait exercée, non sur ceux qui méritaient réellement d'être punis, mais sur toute l'Université. Ils
ne purent rien obtenir ni de la reine, ni du légat, ni
de l'évêque de Paris, ou du moins ils n'en obtinrent
pas tout ce qu'ils demandaient. Les quatre nations qui composent l'Université ordonnèrent qu'on
cesserait tous les exercices, ce qui fut cause que
beaucoup d'écoliers se retirèrent, car on fut longtemps à chercher des voies d'accommodement ; mais
enfin, comme rien ne se concluait, tous les maîtres
et les écoliers, hors un fort petit nombre, aban-
donnèrent la ville ; il n'y demeura pas un seul régent qui eût quelque réputation ; tous les exercices
cessèrent. Un chronologiste écrit qu'on résolut par
un commun décret de transférer l'Université à Nantes, sous la protection du duc de Bretagne, qui offrait
aux professeurs plus de faveurs et de priviléges qu'ils
n'en avaient à Paris. Les autres disent seulement
qu'ils se dispersèrent en diverses provinces, et s'arrêtèrent particulièrement à Reims, à Angers, à Orléans et à Toulouse ; d'autres passèrent jusqu'en Angleterre, en Espagne et en Italie. Mathieu Pâris
nomme quelques docteurs anglais qui quittèrent
Paris, et se retirèrent vraisemblablement dans leur
pays. Henri III, roi d'Angleterre, écrivit, le 16 juillet de cette année *aux maistres et à l'Université des escoliers étudiants à Paris*. Il leur témoigna la douleur
qu'il avait eue des injustices qu'ils avaient soufferts
à Pàris, leur dit qu'il souhaitait extrêmement de les

voir rétablis dans leur liberté, et leur offrit, s'ils voulaient passer dans son royaume, tel lieu qu'ils vou-
draient pour y demeurer avec toute la liberté et toute
la tranquillité possibles. Il leur promit encore de
leur fournir gratuitement des logements et beaucoup
d'autres choses, s'ils voulaient venir à Oxford.

» Ceux de l'Université, ou plutôt quelques-uns d'entre eux, en quittant Paris, firent serment de n'y retourner jamais qu'on ne les eût entièrement satisfaits. Ils s'éloignèrent, dit Mathieu Pâris, en maudis-
sant le légat du pape, l'orgueilleuse Blanche, et le
coupable accord qui les unissait. Il s'était répandu,
ajoute-t-il, un bruit sinistre, et qu'on n'ose répéter :
on disait que le légat avait séduit la reine, et se com-
portait avec elle autrement qu'il ne convenait. Les
maîtres de l'Université firent aussi, d'eux-mêmes, à
Angers et à Orléans, des bacheliers et des licenciés,
ce qui n'avait coutume de se faire que par l'autorité
de l'évêque de Paris et de son chancelier, ou celui de
Sainte-Geneviève. Ce fut pourquoi l'évêque de Paris
et le légat prononcèrent contre eux diverses sentences
d'excommunication. Dans un concile provincial tenu
à Sens, il fut ordonné que ceux de l'Université qui,
sous prétexte de leur serment, s'étaient retirés à Orléans et à Angers, seraient privés pendant deux ans
des fruits de leurs bénéfices, ou, s'ils n'en avaient
point, déclarés incapables, s'ils ne revenaient dans
les deux ans.

» Le pape Grégoire IX voulut remédier à ce désordre. Il commit Maurice, évêque du Mans, Adam,

évêque de Senlis, et Jean, archidiacre de Châlons,
pour travailler en son nom à réconcilier le roi et la
reine avec l'Université. Il désirait qu'on fît aux maîtres et aux écoliers une satisfaction convenable, qu'on
leur rendît leur liberté ordinaire, telle qu'elle leur
avait été donnée par Philippe-Auguste, et qu'ils re-
vinssent à Paris reprendre leurs exercices ordinaires.
Il écrivit sur cela à ses commissaires le 24 novembre
de cette année, et leur parla de leur serment, qui ne
devait point arrêter la paix, étant contraire à la justice. Le 26 il écrivit une longue lettre (qui est à lire),
au roi et à la reine, pour les conjurer d'agréer cette
réconciliation, et même il les menace, s'ils ne le font;
ce qui ne se rapporte pas à cet empressement et à ce
zèle que nos historiens attribuent à saint Louis pour
rappeler l'Université.

» Ceux qui ont examiné cette histoire avec plus de
soin avouent que le roi et la reine n'étaient point
portés à rappeler l Université par des promesses et des
satisfactions, mais qu'ils employaient seulement des
édits menaçants pour obliger les maîtres à revenir.
Le pape écrivit encore à Guillaume, évêque de Paris,
l'accusant en termes fort rudes d'entretenir la querelle et d'avoir occasionné la dispersion de l'Université. On prétend qu'il rappela pour ce sujet le cardinal de Saint-Ange, légat, qui sortit du royaume à la
fin de cette année. Du Boulay attribue à cette dispersion de l'Université de Paris l'origine de celles d'Orléans, d'Angers, de Poitiers, de Reims et de plusieurs
autres. On trouve dans quelques mémoires, qui ne

paraissent pas anciens, que l'école de Reims était si
célèbre par les lettres, particulièrement pour la philosophie, qu'en 1230 beaucoup d'écoliers quittèrent
Paris pour y aller étudier. »

L'Université parisienne, après deux ans d'exil,
reparut en 1231. Voici comment Tillemont raconte les circonstances de ce rétablissement : « Le
roi et les évêques voulaient forcer les maîtres à
revenir par les peines qu'ils décernaient contre eux.
Ce fut ce qui obligea ces maîtres de députer deux
d'entre eux au pape, Geoffroy de Poitiers et Guillaume d'Auxerre ; ils agirent tellement auprès du
pape, que ce fut, à ce qu'on croit, ce qui produisit la
paix de l'Université, procurée par quelques personnes sages. Il paraît que la paix était faite avant le 13
d'avril, et que les maîtres et les écoliers y étaient
revenus, au moins ceux qui n'avaient pas juré de ne
plus revenir. Le pape supposait que saint Louis leur
donnerait des priviléges (c'est-à-dire renouvellerait
ceux qui leur avaient été accordés), et leur taxerait
des amendes contre ceux qui leur avaient fait injure.
Saint Louis les reçut en effet avec beaucoup de bonté,
et fit promptement réparer par les bourgeois les injures qu'on leur avait faites. Il donna aussi les ordres
nécessaires pour obliger les bourgeois à laisser vivre
les écoliers en paix et sûreté. On prétend qu'il leur fit
faire quelque serment pour cela. Il semble que ceux
de l'Université aient aussi été obligés à faire quelque
satisfaction comme s'ils avaient eu part à la faute, et
avaient les premiers causé le désordre. Le 13 d'avril

le pape adressa une bulle à l'Université, comme déjà
rétablie à Paris, pour y régler diverses choses. Il y
permet de revenir à Paris à ceux qui avaient juré de
n'y point rentrer qu'on ne les eût satisfaits comme ils
le demandaient, ce qui marque qu'on ne leur fit pas
une satisfaction tout entière. Le lendemain il écrivit
à saint Louis pour le prier de témoigner de l'affection
à l'Université, de faire observer le privilége que Philippe-Auguste lui avait donné en 1201, de leur faire
payer l'amende qu'il avait ordonnée, et d'agréer que
les loyers des maisons fussent taxés par deux maîtres
et deux bourgeois choisis par l'Université, de peur
que les propriétaires ne les louassent trop cher. Le 19
il donna commission à deux chanoines d'informer du
meurtre des écoliers qu'on disait avoir été fait par le
doyen de Saint-Marcel et par quelques autres du
même faubourg, et de lui mander ce qu'ils auraient
vérifié, afin de procéder ensuite contre les coupables.
Le 25, il manda au même doyen et à l'évêque de Paris d'obliger leurs vassaux aux mêmes choses auxquel-
les saint Louis avait obligé les siens pour le repos de
l'Université. Il avait donné le même ordre à l'abbé de
Saint-Germain dès le 13 du mois. Le 9 janvier 1263,
Urbain IV mande à l'évêque de Meaux que si saint
Louis fait faire serment aux bourgeois de Paris, ses
vassaux, de ne faire tort à aucun membre de l'Université, il doit obliger l'évêque de Paris, les abbés de
Saint-Germain, de Sainte-Geneviève et le chapitre de
Saint-Marcel à faire faire le même serment à leurs
sujets. Grégoire IX écrivit de nouveau, le 6 de mai, au

roi et à la reine, en renvoyant à Paris Geoffroy de Poitiers et Guillaume d'Auxerre, qui avaient travaillé à Rome pour le rétablissement de l'Université. Il en fait l'éloge, proteste qu'ils n'ont rien fait à Rome contre l'honneur du royaume, et prie le roi et la reine de rejeter la mauvaise opinion qu'on leur aurait pu donner contre ces deux docteurs, et encore un autre nommé Jean Lepage. Le 5 du même mois, il ordonna que pour le bien de la paix on n'obligerait point à subir un nouvel examen, ni à prendre de nouvelles licences, ceux qui, ayant eu la permission des évêques des lieux, avaient régenté à Angers et à Orléans, après avoir été examinés selon les formes par les chanceliers de Paris, ou l'abbé de Sainte-Geneviève ou par les docteurs, si c'était dans le temps du trouble. Il leva en même temps les censures fulminées par le concile de Sens ou par d'autres contre l'Université dans les troubles. Il en adressa la commission au doyen de Soissons et à un chanoine. Il permit aussi à l'Université de suspendre ses leçons si l'on tuait quelqu'un de ses membres, à moins que les coupables ne fissent satisfaction dans les quinze jours. »

C'est à cette époque que commença la lutte entre l'Université et les membres du clergé, lutte opiniâtre qui ne cessa qu'à la révolution de 89, et dont il reste encore bien des traces. En 1229, pendant les troubles dont je viens de parler, les Dominicains ou Jacobins[1] et

[1] Le célèbre Albert-le-Grand fut un des premiers jacobins qui enseignèrent à Paris.

les Franciscains obtinrent de l'évêque et du chancelier de l Église de Paris une chaire de théologie, afin
de retenir au moins le peu d'étudiants qui restaient
encore dans la capitale. Peu après les moines s'attri-
buèrent une seconde chaire, et ils établirent dans
leurs monastères des écoles de théologie. L'Université
réclama contre ces entreprises : « Aujourd'hui, dit-
elle dans une épître adressée à tous les prélats, la ville
de Paris ne compte plus que douze chaires de théologie, depuis que les dominicains et les autres moines ont établi des professeurs de leurs ordres en différentes villes. Or, de ces douze chaires, sept sont
occupées par les réguliers, frères prêcheurs et mineurs,
religieux du Val des écoliers [1] cisterciens, prémontrés
et trinitaires ; trois autres sont remplies par des chanoines de Paris, en sorte qu'il n'en reste que deux
pour les professeurs séculiers qui ne sont pas chanoines de la cathédrale. » L'Université abolit en conséquence, par un décret solennel, l'une des deux chaires publiques des Dominicains.

La même année (1252) on eut encore à déplorer
une rixe sanglante entre des bourgeois et des écoliers.
L'un de ceux-ci ayant été tué et quelques autres emprisonnés quoique couverts de blessures, l'Université
interrompit ses leçons, voulut exiger de tous ses membres le serment de ne les reprendre qu'après la réparation de l'injure qu'elle croyait avoir reçue,
et prononça l'exclusion des professeurs franciscains

---

[1] Ordre de chanoines réguliers, né, vers le commencement du
siècle, dans le sein de l'Université.

et dominicains, qui refusèrent de prendre cet enga-
gement. Le comte de Poitiers, chargé de la régence
depuis la mort de la reine Blanche et en l'absence de
saint Louis, fit pendre ou exila les bourgeois qui s'é-
taient battus contre les étudiants, mais en même
temps il protégea les religieux mendiants. Saint
Louis, entouré sans cesse de franciscains et de dominicains [1], leur donna une influence, immense et les
soutint opiniâtrément contre leurs adversaires [2].
Enfin le pape Alexandre IV publia, en 1255, la célèbre bulle *Quasi lignum vitæ*, qui maintint les moines
en possession de leurs chaires, et, s'il faut en croire
quelques historiens, découragea tellement l'Université qu'elle se dispersa de nouveau. Mais bientôt elle
reprit courage, et la lutte recommença sur un nouveau terrain.

Les Mendiants, hardis novateurs, dans un siècle
d'ailleurs singulièrement mystique, songeaient à une
foi nouvelle, à un nouvel Évangile. Jean de Parme ,
général des Franciscains, osa publier dans ce sens un

---

[1] *Le confesseur de la reine Marguerite* rapporte que le saint
roi eut la pensée de se faire dominicain, et que ce ne fut qu'avec
peine que sa femme l'en empêcha.

[2] Dans une lettre adressée au pape par des professeurs de l'U-
niversité, où ils refusent d'admettre les Mendiants dans leur sein ,
on voit que saint Louis avait donné des gardes à ces derniers : « Quo-
niam ipsi, de mandato domini regis, paratam semper habeant ad
nutum suum multitudinem armatorum, undè etiam solemnitates ma-
gisteriorum suorum nuper sine nobis cum armatis plurimis celebrare
cœperunt. » Duboullai, III, 290, cité par M. Michelet.

livre intitulé : *Introduction à l'Évangile éternel*, qui fit
grand bruit, et dont plus tard l'inquisition romaine
condamna vingt-sept propositions. Entre autres,
Jean déclarait que « de même que l'Ancien Testament
avait cédé la place au Nouveau, celui-ci avait aussi
fait son temps; que l'Évangile ne suffisait pas à la perfection ; qu'il avait encore six ans à vivre, mais qu'a-
lors un Évangile plus durable allait commencer, un
Évangile d'intelligence et d'esprit ; jusque-là l'Église
n'avait que la lettre. Ces doctrines, communes à un
grand nombre de franciscains, furent acceptées aussi
par plusieurs religieux de l'ordre de saint Domini-
que. C'est alors que l'Université éclata. Le plus distingué de ces docteurs était un esprit fin et dur, un
Franc-Comtois, un homme du Jura, Guillaume de
Saint-Amour. Le portrait de cet intrépide champion
de l'Université s'est vu longtemps sur une vitre de la
Sorbonne [1]. Il publia contre les Mendiants une suite
de pamphlets éloquents et spirituels, où il s'efforçait
de les confondre avec les Béghards et autres héréti-
ques, dont les prédicateurs étaient de même vagabonds et mendiants : *Discours sur le publicain et le pha-
risien; Question sur la mesure de l'aumône et sur le men-
diant valide; Traité sur les perils prédits à l'Église pour les
derniers temps* [2], etc. Sa force est dans l'Écriture, qu'il

[1] Ce portrait a été gravé en tête de ses œuvres, Constance,
1632, in-4°.

[2] Ce fameux pamphlet fut aussitôt traduit en vers français. Duboullai, III, 348. Les moines en furent effrayés si longtemps que,
même en 1633, ils sollicitèrent du conseil privé de Louis XIII un

possède, et dont il fait un usage admirable : ajoutez
le piquant d'une satire, qui s'exprime à demi-mot.
Malheureusement il est trop visible que l'auteur a un
autre motif que l'intérêt de l'Église... Ce grand procès fut débattu à Anagni pardevant le pape. Guillaume
de Saint-Amour eut pour adversaires le dominicain
Albert-le-Grand, archevêque de Mayence, et saint
Bonaventure, général des Franciscains. Saint Thomas
recueillit de mémoire toute la discussion, et en fit un
livre. Le pape condamna Guillaume de Saint-Amour,
mais en même temps, il censura le livre de Jean de
Parme, frappant également les raisonneurs et les mys-
tiques, les partisans de la lettre et ceux de l'esprit [1]. »

Cette décision toutefois fut très-partiale ; Guillaume de Saint-Amour, censuré publiquement, fut
détenu longtemps loin de sa patrie, tandis que le pape
écrivait à l'évêque de Paris de détruire en secret le
livre de Jean de Parme. Mais l'Université fit brûler
avec solennité au parvis Notre-Dame l'*Évangile éternel*,
et obligea l'auteur à se démettre du généralat. En vain
l'on tenta des moyens de conciliation entre l'Université
et les Mendiants, en vain un traité fort avantageux
pour ces derniers fut rédigé, en 1256, dans un concile
de Paris ; le pape, qui avait défendu au chancelier de
Sainte-Geneviève d'accorder des licences à ceux qui ne

arrêt qui défend, sous peine de mort, d'imprimer, vendre ou lire
le *Traité* de Guillaume Saint-Amour. M. de Gaulle, II, 141.

[1] M. Michelet, II, 627 et suiv. Nulle part, ce point d'histoire
n'est développé avec plus d'intérêt. — Tillemont a laissé une histoire manuscrite de cette querelle.

se soumettraient point sans restriction à la bulle *Quasi lignum*, cassa l'accord, et, par trois nouvelles bulles, encouragea les prétentions et les entreprises de ces moines. L'Université fut contrainte de les admettre dans son sein. Mais elle ne négligea aucune occasion de donner des dégoûts aux docteurs Mendiants ; elle les reléguait aux derniers rangs dans la liste des professeurs, et soutenait contre eux les curés, dont ils s'efforçaient d'envahir aussi les fonctions, protégés là comme partout ailleurs par Innocent IV et par ses successeurs. Il n'en faut guère excepter qu'Urbain IV, qui, par lui-même et par son légat Simon de Brie, essaya de rétablir la concorde et la paix dans les écoles parisiennes [1]. Deux recteurs, élus concurrremment en 1269, furent destitués l'un et l'autre par le légat, qui, peu d'années après, éteignit un nouveau schisme du même genre et régla les formes de l'élection du recteur. Il intervint encore dans une affaire avec l'official, dont les gens avaient maltraité quelques étudiants. L'official fut interdit, exilé, contraint de livrer à la justice ses propres domestiques, et l'Université fut satisfaite.

Les sages réformes de saint Louis dans la législation et l'administration de la justice, en rendant indispensable l'étude du droit, donnèrent une nouvelle impulsion aux études. Aussi un certain nombre de colléges furent fondés sous ce règne ; ceux de Sainte-Catherine du Val des Écoliers, du Trésorier, de Calvi

[1] Crévier, *Hist de l'Univ.* II, *initio.*

et de la Sorbonne [1]. Ces établissements, dit l'auteur
de la *Nouvelle histoire de Paris*, n'étaient pas encore ce
qu'on a appelé depuis *collèges*, dans l'acception moderne de ce mot ; c'étaient alors des communautés,
quelquefois appelées hôpitaux et hospices, où l'on en-
tretenait un petit nombre de pauvres écoliers ; d'autres collèges étaient créés par les ordres religieux,
jaloux de ménager à leurs propres élèves les moyens
de suivre les leçons des Universitaires : tels étaient
ceux qui ont porté les noms des Mathurins, des Bernardins, des Carmes, des Augustins, de Prémon-
tré, etc. — Après Albert-le-Grand, saint Thomas,
saint Bonaventure et Guillaume de Saint-Amour, les
plus célèbres professeurs de l'Université, à cette époque, furent Alexandre de Hales ; Gautier Cornut ; Henri
Clément ; Jean Wardes, de l'abbaye des Dunes, le premier *cistercien* (religieux de l'ordre de Cîteaux) qui ait
enseigné à Paris ; Vautier de Slavennes, qui y avait
expliqué le *Maître des sentences* avant d'être abbé de
Bonne-Espérance ; Jean, depuis doyen de Laon ; Hum-
bert, qui devint ensuite archevêque de Milan, et qui
a composé une concordance de l'ancien et du nouveau Testament, etc. Tous ces docteurs, par une vanité ridicule, mais qu'expliquent les mœurs pédantes-
ques de l'époque, prenaient les singulières qualifica-
tions d'*universel*, d'*irréfragable*, d'*angélique*, de *séraphi-
que*, *subtil*, *admirable*, *solennel*, etc.

Ce beau règne de saint Louis, qui fonda, pour ainsi

---

[1] M. de Gaulle, II, *passim*.

dire, la civilisation moderne, ne fut guère favorable
à l'Université. Les guerres et les travaux de législation attirèrent toute l'attention de ce prince, qui ne
chercha pas à seconder l'impulsion nouvelle donnée
aux études. En toute occasion, il soutint le parti des
moines contre le corps enseignant, et en mourant
(1270), il laissa aux ordres mendiants les manuscrits
qu'il avait réunis en assez grand nombre à la Sainte-
Chapelle, sans faire aucune mention de l'Université, à
qui un tel legs eût été plus utile [1].

Le règne de Philippe-le-Hardi fut signalé par de
graves troubles, qui éclatèrent dans l'Université. J'ai
dit [2] que le Pré-aux-Clercs était un sujet éternel de
discorde entre les écoliers et les religieux de l'abbaye
de Saint-Germain-des-Prés. Ceux-ci supportaient
avec peine le voisinage des écoliers, « la plupart hommes faits, mal disciplinés et fort disposés à la querelle et aux batteries. » L'abbé Gérard de Moret, pour
se mettre à l'abri de leurs insultes, fit bâtir un mur
auprès du chemin qui conduisait au pré. Grande
rumeur dans l'Université; les étudiants déclarent
qu'ils ne souffriront point cet empiétement, et le vendredi 12 mai 1278, ils arrivent en foule pour détruire
le mur élevé par l'abbé. Mais au son du tocsin, les

[1] Elle possédait déjà une collection d'ouvrages qu'elle tenait de
la libéralité d'un archidiacre de Cantorbéry. Cette petite bibliothèque était déposée entre les mains du chancelier de l'église de
Paris, pour être prêtée aux pauvres étudiants. M. de Gaulle, II,
143.

[2] *Voyez* page 50.

6

domestiques et les vassaux du monastère avaient pris les armes ; la lutte s'engagea, et les écoliers furent obligés de prendre la fuite, en laissant plusieurs prisonniers. Deux jeunes clercs, Gérard de Dole et Jourdain Tristan, succombèrent quelques jours après à leurs blessures. L'Université adressa aussitôt ses plaintes au cardinal de Sainte-Cécile, légat du pape, et déclara qu'elle fermerait les classes, si justice ne lui était point rendue avant quinze jours. On s'empressa d'accéder à sa requête. Le légat condamna le prévôt de l'abbaye à cinq ans de réclusion dans un monastère. Le roi examina l'affaire dans son conseil particulier, et se montra plus sévère. Il exila plusieurs vassaux de l'abbaye, et obligea les religieux à fonder deux chapellenies, l'une dans l'église de Sainte-Catherine-du-Val-des-Écoliers, rue Saint-Antoine, et l'autre dans la chapelle de Saint-Martin-des-Orges, près de l'abbaye, dans laquelle les écoliers entendaient la messe les jours de congé. L'abbé et les religieux furent de plus condamnés à payer deux cents livres pour les réparations de cette chapelle, et diverses amendes au recteur et aux parents des écoliers morts.

Trois ans après, nouveaux désordres parmi les *clercs*. « En l'an 1281, dit un ancien historien, il y eut si grand trouble et sédition à Paris entre les Picards et les Anglois, que l'Université pensa demeurer déserte. En cela est à inférer qu'il y avoit grande quantité d'escoliers anglois à Paris, puisqu'ils prévaloient contre les Picards [1]. » Pour empêcher de plus

---

[1] Le PDubreu il, 612.

grands désordres, le prévôt fit enfermer au Châtelet les chefs des deux partis. Aussitôt les classes furent fermées, et elles ne rouvrirent que par considération pour Philippe-le-Hardi. « Sire, lui dit le recteur, à votre recommandation et par respect pour vous, les maîtres reprendront leurs leçons, mais sous la ferme espérance néanmoins que vous nous ferez jouir de nos priviléges. »

Sous Philippe-le-Bel, les écoliers montrèrent la même turbulence, et ce prince absolu, qui faisait pendre les bourgeois et *manants* de sa bonne ville, lorsqu'ils avaient l'outrecuidance de se plaindre des impôts ou de la fausse monnaie, fabriquée par le roi, s'inclinait humblement devant l'Université. Aussi la *fille aînée de nos rois*, fière de son impunité, orgueilleuse de sa puissance, usait et abusait de ses priviléges. Tandis que les recteurs défendaient les droits et franchises de l'illustre corporation contre les chanceliers de Notre-Dame [1], les *clercs*, dans leurs querelles particulières, se faisaient justice les armes à la main. Quelques-uns d'entre eux se battirent, en 1288, avec les gens du cardinal Cholet, légat du pape, et l'un

---

[1] L'anecdote suivante peut donner une idée de la susceptibilité du corps enseignant au moyen âge. « Un prédicateur cordelier dit un jour dans un sermon : «Priez pour l'Université et pour le chancelier qui en est le chef. » L'Université prit feu et obligea le cordelier à se rétracter. Il fallut que dans un autre sermon le moine déclarât expressément qu'il s'était trompé, et que le chancelier n'était chef ni de l'Université, ni d'aucune Faculté. » Saint-Foix, édit. de 1778, III, 340.

des jeunes gens fut tué. L'Université exigea qu'on lui remît les coupables, et le prélat fonda une chapelle expiatoire. Dix ans après, à la suite d'une querelle, trois chapelles furent élevées au Châtelet pour le même motif. Le rang ni la naissance ne mettaient à l'abri de la vengeance universitaire, et le prévôt de Paris l'éprouva cruellement, en 1304. Voici comment les historiens contemporains rapportent ce grand événement. Un clerc, natif de Rouen, nommé Philippe Barbier, ayant, selon les uns, commis un assassinat, ou s'étant exprimé trop librement, suivant les autres, sur les actes du gouvernement, fut appréhendé au corps par les sergents du prévôt, Pierre Jumel ou Le Jumeau. Ce magistrat fit pendre le coupable sur-le-champ, malgré sa qualité d'ecclésiastique et sa demande formelle d'être renvoyé devant ses juges naturels. A la nouvelle de cet acte illégal, le recteur fit fermer les classes, et l'official de l'église de Paris, secondant la vengeance de l'Université, ordonna, sous peine d'excommunication, à tous les membres du clergé de la capitale de se réunir, le 8 décembre, à l'église de Saint-Barthélemi, rue de la Barillerie. Ils se rendirent de là en procession à la maison du prévôt qu'ils assaillirent de pierres, en criant : « Retire-toi, retire-toi, Satan maudit! fais réparation et rends honneur à notre sainte Eglise que tu as déshonorée et offensée dans ses franchises! Puisses-tu, si tu ne répares ton crime, être englouti vivant dans la terre avec Dathan et Abiron! » Les prêtres prononcèrent plusieurs fois cet anathème, que le peuple répétait à

grands cris. Le roi Philippe-le-Bel fonda deux chapelles en expiation de l'injure de Jumel, que les lettres patentes nomment *ci-devant prévôt de Paris*, ce qui
montre qu'il avait été destitué de sa charge [1]. Ce
fonctionnaire dut également, disent quelques auteurs,
détacher de la potence le corps de Philippe Barbier,
et le remettre aux suppôts de l'Université, après l'a-
voir baisé sur la bouche. Enfin il fut contraint d'aller
implorer du pape l'absolution de son prétendu crime [2].

Ces faits, qu'il me serait facile de multiplier, attestent la puissance de l'Université de Paris, qui devint
en peu de temps l'un des premiers corps de l'État.
L'éclat qu'elle répandait sur la France entière, ses richesses, ses immenses priviléges, le nombre de ses
suppôts et de ses écoliers, son caractère ecclésiastique,
tout concourait à la faire redouter des rois et respec-
ter du peuple. Aussi, lorsque Philippe-le-Bel entreprit
d'attaquer deux grands pouvoirs, la papauté et les
Templiers, il eut soin de se concilier l'assentiment
du corps universitaire. Les facultés se réunirent plusieurs fois en assemblée générale, et, malgré les ex-
communications pontificales, approuvèrent par un
acte solennel les projets du roi. Ce n'était, d'ailleurs,
que de la reconnaissance. En 1297, Philippe-le-Bel
avait affranchi les membres de l'Université du droit
de péage dans tout le royaume. « On doit des égards,
dit l'ordonnance, aux travaux, aux veilles, à la disette
de toutes choses, aux peines et aux périls que subis-

[1] Félibien, I, 513.
[2] Dubreuil, 612.

sent les étudiants pour acquérir la perle précieuse de la science [1]. » En 1302, il avait confirmé les priviléges accordés au corps enseignant par Philippe-Auguste, et en 1311 il avait imposé au chevalier du guet l'obligation, qui pesait sur le prévôt, de jurer, à son entrée en charge, le maintien des priviléges universitaires.

L'Université intervint dès lors dans toutes les affaires publiques. Lorsque Philippe-le-Long, s'emparant du trône de Louis-le-Hutin, à l'exclusion de la reine-veuve, fit reconnaître par les *barons, prélats et bourgeois, assemblés en la cité de Paris*, le principe de la loi salique, il demanda l'approbation des clercs [2]. En 1333, le pape Jean XXII ayant dit, dans un sermon, que les saints ne jouiraient de la vue de Dieu qu'au jour de la résurrection, Philippe-de-Valois, craignant que cette opinion n'occasionnât des querelles théologiques, en appela aux docteurs de l'Université. Ceux-ci déclarèrent que les saints voyaient Dieu *face à face*, et obligèrent le pape à se rétracter. Jean XXII ne s'en montra pas moins zélé protecteur de l'Université, à l'exemple de tous les souverains pontifes. Son successeur, Benoît XII, était élève des écoles parisiennes ; il s'empressa de notifier son exaltation à l'illustre corps dont il avait été membre, usage qui fut suivi par plusieurs de ses successeurs, et il ne cessa pas de combler de faveurs ses anciens maîtres ; il autorisa les docteurs

[1] Duboullai, IV, 164.

[2] « Ceux de l'Université approuvèrent ; mais ils ne firent point de serment. » *Chroniques de Saint-Denis*, édit. de M. Paulin Pâris, V, 231.

à porter, comme marque distinctive de leur dignité, un chaperon rouge, ornement qu'ils conservent encore aujourd'hui, et ordonna que les élèves les plus distingués de chaque monastère fussent envoyés à l'Université de Paris, pour perfectionner leurs études. Philippe de-Valois accordait en même temps de nouveaux priviléges au corps enseignant, qui fut exempté de tout impôt, et qui obtint la faculté de ne pouvoir être contraint de plaider ailleurs qu'à Paris (1340).

Cependant, lorsque deux ans après, le roi établit un nouvel impôt sur le sel, l'Université ne put s'en exempter, malgré les éloquentes réclamations de Jean Buridan, procureur de la nation de Picardie, célèbre par ses écrits sur Aristote et surtout par son *sophisme de l'âne* [1]. Pour la dédommager de cet échec, Clément VI, qui avait été également l'un de ses disciples, l'invita, en 1348, à envoyer chaque année à la cour de Rome les noms de ses membres, qui avaient le plus de droits dans la distribution des bénéfices dont le pape pouvait disposer.

[1] Ce sophisme, connu sous le nom de l'*âne de Buridan*, était posé de la manière suivante : Buridan supposait un âne également pressé de la faim et de la soif, placé entre une mesure d'avoine et un seau d'eau, et demandait : « Que fera cet âne ? — Pour ne point mourir, il aura recours à ces provisions. — Donc, concluait-il, il se tournera d'un côté plutôt que de l'autre ; donc, il a le libre arbitre. » — Une tradition, dont les critiques modernes ont démontré la fausseté, fait de Buridan le complice et là victime des débauches de Marguerite de Bourgogne, femme de Louis-le-Hutin. On sait que le fameux drame de M. Alexandre Dumas, la *Tour de Nesle*, dont Buridan est le héros, repose sur cette fable.

Au milieu des troubles qui désolèrent la France
sous le règne de Jean-le-Bon, l'Université se conduisit
avec une dignité et une énergie remarquables. Elle
défendit à ses membres de porter le chaperon rouge
et vert, et de jouer un rôle sur la scène politique.
Elle refusa, il est vrai, de payer l'impôt voté par les
états généraux de 1355, en alléguant ses immunités
et priviléges ; mais lorsque la capitale fut menacée,
elle déclara de son plein gré, le 8 novembre 1356,
que ses suppôts prendraient les armes, sous les ordres
du recteur. Le célèbre prévôt de Paris, Étienne
Marcel, essaya vainement d'enrôler les clercs dans le
parti populaire ; ils restèrent fidèles à la royauté, leur
protectrice. Aussi le roi Jean, rendu à la liberté,
confirma d'une manière solennelle à l'Université, en
récompense de cette loyale conduite, l'exemption de
tout subside et impôt, privilége immense, dont les
circonstances doublaient le prix.

Ces écoles parisiennes, qui ont fourni au monde
entier des hommes distingués dans toutes les carriè-
res, dans toutes les classes de la société, devenaient
peu à peu plus fortes et plus nombreuses. De 1285
à 1364, c'est-à-dire depuis Philippe-le-Bel jusqu'à
Charles V, vingt-neuf colléges furent fondés à Paris [1]. Les études étaient plus complètes. Honorius IV
voulut créer une chaire d'arabe, mais il paraît que
cette tentative eut peu de succès. L'astronomie, au
contraire, était florissante, s'il faut en croire les écri-

---

[1] M. de Gaulle, II, *passim.*

vains contemporains [1]. Enfin le pape Clément V
établit des professeurs de langues hébraïque, grecque,
arabe et chaldéenne dans les Universités de Paris,
d'Oxford et de Bologne. L'illustre corporation se rendait digne de ses protecteurs par les sages réformes
qu'elle opérait elle-même dans son sein. Elle institua
un tribunal, présidé par le recteur, pour juger tous les
différends qui survenaient entre ses membres. On
pouvait en appeler à l'assemblée générale des Facultés, mais si le pourvoi était rejeté, l'appelant était
condamné à cinq sous parisis d'amende [2]. A partir
de 1338, les fonctions de doyen de chaque faculté
ne furent plus données par droit d'ancienneté, mais
à l'élection. L'année suivante, les maîtres-ès-arts des
quatre *nations* de France décidèrent « que les maîtres,
assistant aux disputes et assemblées publiques, n'y
paraîtraient qu'en habit décent, non plus en manteau
ou surtout appelés *colobes et tabards*, comme faisaient
quelques-uns, mais en chapeau et avec leur épitoge
fourré. » Enfin on supprima le *droit de béjaune*, sorte
de bienvenue qu'on exigeait des nouveaux étudiants,
et qu'on destinait à un grand repas. Ces nouveaux
venus, nommés les *béjaunes*, par allusion, dit Du-
cange, aux becs jaunes des oiseaux qui ne sont pas
encore sortis de leurs nids, avaient à leur tête un
intendant ou supérieur qui portait le nom de cha-
pelain ou abbé des béjaunes. « Ce chef devait s'ac-

[1] Duboullai, IV, 139.
[2] Crévier, II, 240.

quitter de deux fonctions le jour des Innocents : le
matin, il montait sur un âne et conduisait les béjaunes en procession par toute la ville ; l'après-dîner, il
les rassemblait tous dans un même lieu, et là, avec
de grands seaux d'eau, il faisait sur eux une aspersion
abondante. C'était comme un baptême qui les faisait
enfants de l'Université [1]. » Cet usage occasionnait des
désordres qui dégénéraient souvent en rixes sanglantes ; il fut aboli en 1342, et on défendit, sous peine
de punition corporelle, d'exiger à l'avenir le *droit de
béjaune.*

Les historiens font mention, à la même époque, de
violentes querelles entre l'Université et le chapitre de
Notre-Dame, ces deux grandes puissances. Je me con-
tenterai de citer le fait suivant, qui atteste avec quelle
vigueur le corps enseignant défendait ses priviléges.
En 1326, un écolier, chanoine de l'église de Paris,
étant mort sans laisser de testament, l'Université,
en vertu d'une bulle de Grégoire IX [2], se déclara
l'héritière des biens meubles du défunt ; le chapitre
les réclama, en alléguant sa qualité de chanoine. Cités devant le tribunal du *conservateur apostolique,* les
membres du chapitre refusèrent de comparaître, et
déclinèrent sa juridiction. L'Université les excommunia aussitôt, les déclara exclus de son sein, et fit
publier et afficher ce jugement jusque dans Notre-

[1] Saint-Foix, III, 334.
[2] Cette bulle est de l'année 1231. Le pape défendit en même
temps à tout juge ecclésiastique d'infliger à un écolier une peine
pécuniaire.

Dame. Les chanoines, effrayés, s'empressèrent de reconnaître les droits de leurs adversaires [1]. Ce fut sans doute pour se venger de cet échec que dans une querelle de préséance, qui s'éleva aux obsèques de Philippe-de-Valois entre le chapitre et l'Université, les chanoines renversèrent et frappèrent le recteur. Pour prévenir le retour de ces scènes scandaleuses, il fut décidé que dorénavant les deux compagnies marcheraient, dans les cérémonies publiques, vis-à-vis l'une de l'autre et sur deux lignes égales.

Des dissensions éclatèrent, dans le même temps, entre les théologiens et les membres des autres facultés. Les premiers voulaient être considérés comme les chefs de l'Université. Ces prétentions occasionnèrent de graves désordres. Dans un service célébré à Saint-Germain-l'Auxerrois devant la reine Jeanne d'Évreux, l'archevêque d'Embrun, nonce du pape, ayant voulu s'emparer du siége du recteur, en qualité de docteur en théologie, fut battu et chassé. Cette querelle moitié sérieuse, moitié bouffonne, qui ne mérite guère notre attention, se termina en 1362, par la soumission de la Faculté de théologie.

[1] *Hist de l'Université*, par M. Eugène Dubarle, 1829, I, 130.

CHAPITRE IV.

Depuis Charles V jusqu'à Louis XI (1364-1461).

« Le roy Charles, dit Christine de Pizan, biographe de Charles V, aimoit science et estude, et bien le monstroit à sa très-aimée fille, l'Université des clercs de Paris, à laquelle gardoit entièrement les priviléges et franchises, et plus encore leur en donnoit, et ne souffrist qu'ils fussent enfreints ; la congrégation des clercs et de l'estude avoit en grande révérance ; le recteur, les maistres et les clercs solennelz mandoit souvent, pour entendre la doctrine de leur science, usoit de leurs conseils pour ce qui appartenoit à l'intelligence, moult les honoroit et portoit en toutes choses et les tenoit beni-volens et en paix. Comme il advint, une foiz, qu'il lui fust rapporté que aucunes gens avoient murmuré de ce qu'il honoroit tant les clercs, il respondit : « Tant que sapience sera honorée en ce royaume, il continuera en prospérité ; mais quand déboutée y sera, il décherra. » Aussi l'Université fut-elle puissamment protégée par Charles V, *artiste habile*, suivant l'expression du chroniqueur, *et expert dans les sciences*. C'est au commencement de ce règne qu'elle prit le nom de *Fille aînée du roi*, titre que Charles approuva solennellement, en confirmant ses priviléges.

Il eut bientôt l'occasion de la défendre dans une affaire importante. Les écoliers étaient dans l'usage, le jour de saint Nicolas, leur patron, de dresser des théâtres dans leurs colléges, pour y représenter quelques jeux ou quelques scènes appelées *soties* ou *moralités*. La veille et le jour même, ils célébraient la *Fête des fous*, mascarade scandaleuse, que l'Université ne parvint à supprimer qu'après de nombreuses tentatives [1]. A l'exemple des diacres et des sous-

---

[1] Les anciens historiens rapportent plusieurs règlements et statuts à ce sujet. — « Jusqu'en 1488, les écoliers n'ont pas laissé de passer les quatre fêtes des Rois, de la saint Martin, de sainte Catherine et de saint Nicolas, en farces, en danses et en symphonies déshonnêtes ; si bien qu'alors ne pouvant plus souffrir de tels abus les quatre-nations, assemblées à Saint-Julien-le-Pauvre, et la faculté des arts y donnèrent ordre, commandant aux écoliers d'aller à l'église ces jours-là, d'entendre le service et d'étudier de même que les dimanches, hormis qu'après vêpres ils auraient deux ou trois heures à eux pour jouer et passer le temps à des divertissements honnêtes. Que si on leur permit de faire des *farces*, ce fut à condition d'être examinées auparavant ; qu'au reste, ceci ne se passerait que dans leurs colléges et qu'ils n'iraient plus courir dans tous les autres ; qu'enfin, les frais s'en feraient aux dépens du roi, et de l'argent seulement des *béjaunes*. Ce règlement fut si exact qu'on obligea les principaux et les régents de jurer entre les mains du recteur de le faire observer de point en point, à peine de suspension, pendant douze ans au moins, et plus même si on le trouvait à propos ; que tout écolier, qui y contreviendrait, serait ou rayé du registre de sa nation, ou fouetté nu sur le dos par tous

diacres de Notre-Dame, les clercs créaient l'un d'eux
évêque, et tous prenant ensuite des habits ecclésiastiques, parcouraient, le soir, à la lueur des torches,
les rues de la ville en dansant et en chantant. Les
bons bourgeois ne pouvaient dormir cette nuit-là.
Le 5 décembre 1365, le jour de Saint-Nicolas, « les
écoliers de Saint-Nicolas-du-Louvre, dit Félibien,
poussèrent les réjouissances de leur feste bien avant
dans la nuit. Les archers du guet, faisant leur ronde
de ce costé-là, en saisirent quelques-uns qu'ils traînèrent au Chastelet. Ceux qui se défendirent furent
maltraités jusque dans leur propre collége, où les
archers, sans aucun respect pour le lieu, commirent
de grandes violences. L'Université, sur la nouvelle de
cette infraction de ses priviléges, demanda justice au
roy contre le prévost de Paris; et le roy rendit une
ordonnance, le 22 janvier de l'année suivante, par
laquelle le prévost fut obligé de faire satisfaction au
recteur et aux députez de l'Université, en présence du
roy et de son conseil; ce que firent pareillement et
à genoux quatre sergents du Chastelet. Mais pour
oster en même temps aux écoliers de Saint-Nicolas
toute occasion de querelle, sous prétexte de leurs
franchises qu'ils estendoient jusque dans la place et
dans la ruë qui estoient devant leur collége, le roy
borna leur immunité à leur chapelle et à leur cime-

les régents dans la salle du collége, au son de la cloche, en présence du recteur, du procureur et de tous les écoliers. » *Antiqui-*
tés de Paris, par Sauval, II, 622.

tière. Toutesfois, pour compenser avantageusement
cette diminution de l'estendue de leurs priviléges, il
leur donna mille francs d'or qui devoient estre em-
ployez à acheter des maisons ou des rentes; outre
cent francs d'or en réparation des dommages qu'ils
disoient avoir souffert de la part du prévost et des
sergents, à condition de les tenir quittes de ce qu'ils ré-
pétoient contre eux. Le continuateur de Nangis ajouste
que, dans cette querelle, ceux du guet avoient jetté
un escolier dans la rivière, et que le corps fut trouvé
quelque temps après proche des Augustins, et en-
terré dans l'église des Carmes, où l'Université lui fit
des obsèques solennelles[1]. »

L'année suivante, Charles V accorda une nouvelle
marque de faveur à l'Université. Ce corps avait, entre
autres priviléges, celui d'acheter le vin sans payer de
droits. Les fermiers généraux des aides violèrent
cette immunité, sous prétexte que les bourgeois,
pour éviter la taxe, prenaient le titre d'écoliers. Le
roi ordonna, par lettres patentes du 18 mai 1366,
que désormais le vin serait livré sans droits aux clercs,
qui apporteraient le sceau du recteur.

Quelque temps après, la turbulence des écoliers
occasionna une rixe assez grave, mais cette fois ils
n'échappèrent point à la sévérité des lois. La veille
de saint Nicolas, au soir, ils rencontrèrent le guet, en
revenant de chez le recteur, où ils avaient été conduire leur *grand évêque*. Une querelle s'ensuivit de

---

[1] Félibien, I, 656.

cette rencontre , suivant l'usage ; les écoliers furent
battus et poursuivis jusqu'aux écoles de la rue de la
Boucherie, où les gens du guet firent quelques prisonniers. Un écolier avait été blessé au milieu du
tumulte ; le parlement envoya aussitôt le chevalier du
guet chez l'écolier malade , pour l'interroger. « Non
seulement la porte lui fut fermée au nez, mais quantité de ses gens blessés, quoiqu'il fît savoir qu'il venait de la part de la cour. Aussitôt, ceux qui avaient
couru les rues, la nuit de saint Nicolas, furent condamnés à faire amende honorable à genoux, pieds
nus , sans manteau ni ceinture ; et là , à demander
pardon au roi, à l'évêque, au recteur et à l'Université
qui y était assemblée. Pour les autres qui avaient
fait résistance au chevalier du guet, il leur fut par-
donné, avec défense à l'avenir, sous peine de punition, d'être réfractaires aux ordres du parlement [1]. »
Les priviléges du corps enseignant n'en furent pas
moins à l'avenir gardés et respectés. Cette même
année, Jean de Viry, abbé de Sainte-Geneviève, fut
exclu du sein de l'Université, pour avoir souffert
que, dans son monastère et en sa présence, des docteurs de Sorbonne fussent insultés et maltraités par
des domestiques. Vers le même temps , le chef d'une
grande compagnie , Arnauld de Cervolle, seigneur de
Châteauvillain en Champagne , ayant arrêté et volé
plusieurs maîtres de l'Université, le recteur s'en plaignit, exigea et obtint une restitution de 286 livres ,
somme alors importante. Enfin, en 1373, un arrêt du

_____
[1] Sauval, *ibid.*, 622.

parlement condamna Robert Puiscome, écuyer, et l'un de ses sergents, à une amende de six-vingts livres, et à demander pardon publiquement à l'Université et à un de ses membres, nommé Cervoi, qu'ils avaient insulté.

Lorsque Charles V rendit, en 1374, la célèbre ordonnance qui fixait à quatorze ans la majorité des rois, il voulut que l'Université fût présente à l'enregistrement de cet édit au parlement. Il la consulta également à l'occasion du fameux schisme qui éclata à la mort du pape Grégoire XI, et qui occasionna de si grands troubles dans l'Église. Deux prélats se disputaient le trône pontifical, Urbain VI et Clément VII; ce dernier, fuyant devant son rival, s'était retiré à Avignon. Il fallut choisir entre ces deux chefs. Après de vives discussions, l'Université, malgré l'opposition des deux *nations* de Picardie et d'Angleterre, déclara qu'elle reconnaissait le *pape d'Avignon*, et que l'élection d'Urbain était nulle. Nous allons voir bientôt que la décision des docteurs parisiens ne fit point cesser cette déplorable querelle.

Sous un prince aussi lettré que Charles-*le-Sage*, homme d'esprit et de goût, fondateur de la *Bibliothèque du roi*, les études devaient être nécessairement florissantes. Un grand nombre d'écrivains de l'antiquité furent traduits par des membres de l'Université. Mentionnons, parmi ces modestes et savants *translateurs*, le célèbre Nicolas Oresme [1], qui fut précep-

[1] Oresme reçut cent livres pour la traduction de la *Morale* d'A-

7

teur de Charles V. Le nombre des écoliers augmenta ;
tous ceux qui aspiraient à la science se dirigeaient
vers Paris. Aussi, dès le commencement du quator-
zième siècle, l'Université occupait à elle seule la
montagne Sainte-Geneviève et le faubourg Saint-
Germain, enfin tout le côté de la Seine qui est encore désigné sous le nom de *Quartier Latin*. La rue
du Fouarre [1] était spécialement destinée aux étudiants de la faculté des arts. En 1358, les professeurs se plaignirent à Charles de Valois, régent du
royaume, que la tranquillité des classes était troublée, pendant le jour, par les chariots passant près des
écoles ; que, la nuit venue, la rue était jonchée d'im-
mondices, et que souvent les écoliers venaient en-
foncer les portes pour se divertir avec des femmes
perdues de mœurs, et souillaient d'ordures l'intérieur
des classes. Le régent leur permit sur leur demande
d'établir deux portes à l'extrémité de la rue du
Fouarre. Les barrières ne furent pas établies aussitôt
sans doute, puisqu'on voit qu'en 1362 seulement le
roi Jean donna deux arpents de la forêt de Fontainebleau pour les construire. Sous Charles V, les facultés des arts et de droit furent obligées de chercher
un autre emplacement, et elles occupèrent le *clos*

ristote, et il obtint une pension pour la *Politique* du même auteur.
Crévier, II, 427.

[1] La rue du Fouarre ou du Feurre doit son nom à la paille,
appelée *feurre* au moyen âge, que l'on répandait dans les classes
pour servir de siége aux écoliers. Saint-Foix, *loco cit.*, 127.

Bruneau (rue Saint-Jean-de-Beauvais, rue des Carmes, etc). A la fin de ce règne, les suppôts de l'Université étaient si nombreux, que dans une assemblée générale, on compta, sans y comprendre les écoliers, plus de *dix milles suffrages*. Ce peuple de savants reçut de nouveaux statuts. Le pape Innocent VI envoya à Paris, pour travailler à la réforme de l'Université, les cardinaux de Saint-Marc et Aicelin de Montaigu; ces prélats publièrent leurs règlements au mois de juin 1366. Il fut ordonné aux professeurs de faire leurs leçons oralement, et de ne plus dicter des cahiers à leurs élèves; on défendit à ceux-ci d'être assis *sur des bancs ou autres sièges élevés;* ils devaient se mettre à terre sur la paille, *suivant l'usage et par humilité;* on fixa à seize ans la durée des cours théologiques pour obtenir la licence; à neuf ans, le temps nécessaire pour concourir au doctorat en médecine; enfin, les classes duren commencer désormais à cinq heures du matin.

La mort de Charles V (1380) fut le signal des troubles qui devaient désoler, pendant près d'un demi-siècle, notre malheureuse patrie. L'Université de Paris y joua un grand rôle. Elle témoigna d'abord son indignation des rapines exercées par le *pape d'Avignon,* et dont profitaient les tuteurs du jeune roi Charles VI. « Après en avoir conféré en diverses manières, dit un historien, elle trouva à propos de députer au roy et aux princes pour demander un concile général, comme le plus sûr moyen pour terminer avec le schisme tous les maux qui en estoient les suites. Jean Rousse (ou *de Roncé*), natif d'Abbeville, demeurant au collége du cardinal Lemoine, fut choisi pour porter la parole au nom de l'Université. Mais le duc d'Anjou, soupçonné d'avoir part aux deniers levez par la chambre apostolique d'Avignon, ayant sçu ce qui se passoit, prévint le député qu'il fit arrester de nuit et conduire au Chastelet, où il fut mis dans un cachot. La nouvelle de cette détention mit en grand mouvement le clergé et surtout l'Université : le recteur, accompagné de plusieurs professeurs de toutes les facultez, alla plusieurs fois trouver le duc d'Anjou, pour lui demander la délivrance du prisonnier. Après bien des refus, le prince se laissa fléchir et le fit relascher ; mais il envoya en mesme tems publier dans les escoles une deffense d'agiter désormais de semblables questions... Tout ce que cet ordre produisit fut la défection de quantité de docteurs qui se retirèrent à Rome auprès d'Urbain VI, lequel fut ravi de voir ranger de son costé les principaux membres d'un corps aussi célèbre que l'Université de Paris, estimée la première du monde chrétien. Jean Rousse, qui s'y estoit retiré des premiers, fut renvoyé à Paris avec des lettres d'Urbain, par lesquelles il remercioit l'Université et l'exhortoit à continuer ses soins pour l'extirpation du schisme. On lut ces lettres dans une assemblée publique de l'Université. Le duc d'Anjou, l'ayant sçu, ne put dissimuler son chagrin ; il fit chercher le porteur des lettres, qui s'enfuit à Rome en diligence. Plusieurs autres docteurs l'y suivirent, entre autres le chantre de l'église de Paris, et Jean Gilles, distinguez par leur sçavoir, par leur probité, et également mécontens de la conduite du régent. Cette contestation de l'Université avec la cour dura trois mois[1]. »

Les *clercs* profitèrent la même année de l'anarchie dans laquelle se trouvait le gouvernement, pendant la minorité de Charles VI, pour se venger de leur ennemi déclaré, Hugues Aubriot. Cet excellent magistrat était coupable à leurs yeux de chercher à établir l'ordre dans la ville et à réprimer les excès d'une jeunesse turbulente. Il avait eu déjà de nombreux démêlés avec l'Université, et il avait même différé pendant trois ans de prêter serment au recteur, « en prétendant qu'il ne devait point le faire en public. » Il avait défendu aux marchands de vendre des armes aux écoliers, sans sa permission, et ses sergents prévenaient tous les désordres avec une vigilance dont on n'avait jamais eu d'exemples. On disait même dans les écoles que le prévôt avait fait creuser dans le Petit-Châtelet, exprès pour les écoliers turbulents, deux cachots qu'il appelait par dérision, l'un, le *clos Bruneau*, l'autre, la *rue du Fouarre*. L'Université ne pardonna pas à Aubriot d'avoir osé braver sa puissance, et elle le traduisit, lorsqu'elle crut le moment favorable, devant la justice de l'évêque. Le duc d'Anjou sacrifia à la haine du corps enseignant ce fidèle serviteur, qui fut condamné à une prison perpétuelle *pour crimes d'impiété, d'hérésie et de débauche*, après

[1] Félibien, II, 689.

avoir fait amende honorable, le 17 mai 1381, au parvis de Notre-Dame [1].

Après la célèbre révolte des *Maillotins* (1382), l'U-niversité et l'évêque de Paris allèrent se jeter aux pieds du roi et de ses tuteurs ; ils obtinrent un édit d'absolution, dont les chefs seuls de la révolte fu-rent exceptés. L'année suivante, ils voulurent encore apaiser la colère royale ; mais, cette fois, leur dé-marche fut inutile. Les docteurs firent ensuite tous leurs efforts pour faire cesser le schisme qui désolait la chrétienté. On peut dire que l'Université a été, comme le parlement, *le bouclier de l'Eglise de France* contre les empiétements de la cour de Rome, et le défenseur infatigable des libertés gallicanes, quoique son zèle ne fût point tout à fait désintéressé ; elle s'opposa sur-tout fortement aux exactions de Clément VII. Non content d'avoir levé pendant neuf ans le dixième de tous les bénéfices du royaume, ce prélat avide voulut, en 1385, imposer une nouvelle taxe sur le clergé. L'université adressa aussitôt ses remontrances au roi, qui donna ordre à l'agent du pape, l'abbé de Saint-Nicaise de Reims, de sortir de France sous trois jours. Deux docteurs célèbres de l'Université de Paris, Pierre d'Ailly et Nicolas Clémangis, rédigèrent un mémoire

---

[1] Aubriot fut délivré, l'année suivante, par les Parisiens révol-tés ; il se retira en Bourgogne, où il mourut quelque temps après. — M. Paulin Pâris, dans son édition des *Chroniques de S. Denis,* VI, 478, rapporte une chanson fort curieuse, composée sans doute par un écolier, *sur un prévôt de Paris, nommé Hugues Aubriot, lequel eut moult de fortunes en la fin de ses jours.*

dans lequel l'illustre compagnie demandait que les
deux papes rivaux s'en remissent à la décision d'ar-
bitres, ou que l'on assemblât un concile général. Le
duc de Berry, dévoué à Clément VII, jura qu'il ferait
jeter à la rivière ceux qui oseraient renouveler cette
proposition. Le duc de Bourgogne accorda enfin à
l'Université une audience solennelle du roi [1], et le
jeune prince accueillit d'une manière assez favorable
les remontrances des docteurs. Mais les intrigues de
Benoît XIII, successeur de Clément VII, firent oublier
les intérêts de l'Église, et l'Université reçut la défense
expresse de s'immiscer dorénavant dans cette affaire.
Elle eut alors recours à son expédient ordinaire ; elle
fit fermer les classes et empêcha les curés de prêcher (1392). Enfin les opinions de l'Université pré-
valurent, et six ans après on déclara que l'Église
gallicane se gouvernerait, en attendant un pape légitime, selon ses anciennes franchises. Malgré les
louables efforts des facultés de Paris, ce malheureux
schisme ne cessa qu'en 1429, à l'abdication de Clément VIII.

L'histoire intérieure de l'Université n'a pas moins
d'intérêt pendant ce règne que sous les précédents.
Je passe sous silence les incessantes querelles de la
compagnie avec les ordres mendiants et le chapitre
de Notre-Dame. Un conflit plus grave eut lieu entre
le corps enseignant et le chancelier de l'église de

[1] Philippe-le-Hardi, duc de Bourgogne, favorisait les *clercs*; il
leur laissa une somme considérable par son testament.

Paris, Jean Blanckaert, au sujet des candidats à la licence. Le chancelier demandait dix livres par candidat ; l'Université soutenait que l'obtention de tous les grades devait être gratuite. Nous ignorons l'issue de cette affaire, qui fut portée devant le pape et le parlement, au mois de février 1386, mais les chanceliers continuèrent à exiger un droit de chaque bachelier qu'ils admettaient à la licence [1].

La turbulence des écoliers parisiens, dont *Jehan Frollo* [2] est le véritable type, occasionna encore à cette époque de graves désordres : suivant l'usage, l'Université, se prétendant offensée, demanda et obtint d'éclatantes réparations. On a vu pendant longtemps, dans l'église des Carmes de la place Maubert, un tableau représentant un homme en chemise, portant une torche, et à genoux devant un groupe de religieux. Au-dessous était l'inscription suivante : « C'est la représentation de l'amende que fit Richard de Metz, sergent à verge au Chastelet de Paris, le dimanche à heure de prime, dix-neuvième jour du mois de may, l'an 1387, à l'église et aux religieux, prieurs et couvent de céans : pour cause qu'il avoit extraict violemment et par force deux escholliers hors des limites de ceste église. A laquelle il fut admené dudit Chastelet pour amender ladite offence, par

---

[1] Ces droits variaient suivant les facultés. Les licenciés ne payaient qu'un *franc*.

[2] L'un des personnages du beau roman de *Notre-Dame de Paris*.

deux huissiers du parlement, en l'estat où voir le pouvez [1]. »

Quelques années après, l'Université poursuivit des archers qui avaient maltraité quelques écoliers en pension chez un licencié, nommé Veulet. Cette institution, désignée sous le titre de *Pédagogie*, est, dit-on, le premier établissement de ce genre qui ait été formé à Paris.

Un jour de fête de l'année 1404, l'Université se rendait en procession à l'église Sainte-Catherine du Val-des-Écoliers, pour prier le ciel de mettre un terme au schisme pontifical. Quelques pages de Charles de Savoisy, chambellan et favori du roi, sortaient en ce moment de la rue Pavée-Saint-Antoine, où était situé l'hôtel de ce seigneur ; ils troublent les rangs de la procession, et leurs chevaux éclaboussent les écoliers. Aussitôt ceux-ci crient *aux armes*, et se précipitent sur les pages ; ils maltraitent l'un d'eux. Les *varlets* de Savoisy, obligés de prendre la fuite, viennent raconter à leur maître l'affront que les gens de sa maison viennent de recevoir. Savoisy, fier de son crédit, leur conseille de se venger de vive force. Excités par ces imprudentes paroles, les pages s'emparent de leurs armes, courent à Sainte-Catherine, pénètrent dans l'église, frappent tous ceux qu'ils rencontrent, et profanent le sanctuaire. Charles de Savoisy leur promit l'impunité, mais l'Université outragée fit fermer ses classes et demanda justice au roi. L'un

---

[1] Dubreuil, 575.

de ses docteurs, nommé Pierre-aux-Bœufs, plaida devant le parlement qui rendit son arrêt à l'hôtel Saint-
Pol, en présence du roi et de la cour. La vengeance
du corps enseignant fut terrible. Malgré les instances
du roi et la soumission du chambellan, les magistrats
décidèrent que la maison de Savoisy serait démolie,
que lui-même fournirait cent livres de rente pour
fonder cinq chapellenies, qu'il paierait mille livres
de dommages-intérêts aux blessés, et mille livres à
l'Université; les trois principaux coupables furent
fouettés et bannis du royaume. « L'article de la démolition parut extrême, dit Félibien ; on tâcha de le
modérer, mais l'Université en poursuivit si vivement l'exécution, que le roi lui-même ne put sauver
de la maison de Savoisy que les galeries ornées de
peintures, qui étaient bâties sur les murailles de la
ville. La démolition se fit avec une solennité toute
nouvelle, au son des trompettes, le 26 août 1404. »
Quelque temps après, le roi permit à Savoisy de
rebâtir sa maison, mais l'Université s'y opposa,
et elle ne consentit à la réédification de l'hôtel,
que cent douze ans après, en 1517, mais à la condition qu'on placerait sur la porte l'inscription suivante :

« Cette maison de Savoisy, en l'an 1404, fut démolie et abattue par arrêt, pour certains forfaits et
excès commis par messire Charles de Savoisy, chevalier, pour lors seigneur et propriétaire d'icelle
maison, et ses serviteurs, à aucuns écoliers et suppôts
de l'Université de Paris, en faisant la procession de

ladite Université à Sainte-Catherine du Val-des-Eco-
liers, près dudit lieu, avec autres réparations, fonda-
tions de chapelles et charges déclarées audit arrêt, et
a demeuré démolie et abattue l'espace de cent douze
ans, et jusqu'à ce que ladite Université, de grâce spéciale, et pour certaines causes, eût permis la réédification d'icelle, aux charges convenues et déclarées ès
lettres sur ce faites et passées à ladite Université, en
l'an 1517. »

On remarquait dans l'ancienne église du couvent
des Mathurins, démolie à la fin du siècle dernier,
une tombe plate sur laquelle étaient représentés des
hommes enveloppés dans des suaires, *en façon de pendus.* Une épitaphe latine indiquait que ce monument
était consacré à la mémoire de Léger du Moussel,
Normand, et Olivier Bourgeois, Breton, écoliers de
l'Université de Paris. Sur une table de bronze, fixée
dans la muraille, une autre inscription française,
beaucoup plus ample, offrait ce qui suit : « Ci-dessous
gisent Léger du Moussel et Olivier Bourgeois, jadis
clercs écoliers, étudiants en l'Université de Paris,
exécutés à la justice du roi, notre sire, par le prévôt
de Paris, l'an 1407, le vingt-sixième jour d'octobre,
pour certains cas à eux imposés; lesquels, à la poursuite
de l'Université, furent restitués et rendus à l'évêque
de Paris, comme clercs, et au recteur et députés de
l'Université, comme suppôts d'icelle, à très-grande
solennité, et de là en ce lieu-ci furent amenés, pour
être mis en sépulture, l'an 1408, le seizième jour de
mai, et furent lesdits prévôt et son lieutenant démis

de leurs offices, à ladite poursuite, comme plus à plein appert par lettres-patentes et instruments pour ce cas. Priez Dieu qu'il leur pardonne leurs péchés. Amen[1]. » — Les *certains cas* reprochés aux deux clercs étaient le meurtre et le vol à main armée. Messire Guillaume de Tignonville, prévôt de Paris, fit arrêter ces deux misérables, les condamna à être pendus et étranglés au gibet de Montfaucon, malgré les protestations du recteur, et les fit conduire au supplice, « dès l'instant même à jour failli, avec la lumière des torches, craignant que s'il remettait du jour au lendemain cette exécution, ils ne prissent recours du roi en faveur de l'Université[2]. » A la nouvelle de cette violation flagrante des priviléges universitaires, les classes furent fermées et les prédications suspendues pendant plus de quatre mois. Enfin, les facultés déclarèrent qu'elles iraient s'établir à l'étranger, si pleine et entière justice ne lui était rendue. Cette menace effraya le roi, qui condamna le prévôt à détacher du gibet les deux écoliers. Après les avoir baisés sur la bouche, il les fit mettre sur un chariot couvert de drap noir, et marcha à la suite, accompagné de ses sergents et archers et de la plupart des membres du clergé et de l'Université. Guillaume de Tignonville fut destitué de sa charge, et le roi l'ayant nommé quelque temps après premier président de la cour des comptes, le nouveau magistrat vint hum-

[1] M. de Gaulle, I, 518.
[2] Sauval, III, 228.

blement supplier le recteur de ne point s'opposer à son installation.

« Ladite Université, dit un chroniqueur, avoit grande puissance pour ce temps-là, tellement que quand ils mettoient la main à la besogne, il falloit qu'ils en vinssent à bout, et se vouloient mesler du gouvernement du roy et d'autres choses. » Les *clercs* jouèrent un rôle important au milieu des troubles que firent éclater, à Paris et dans la France entière, les rivalités des membres de la famille royale. Ils tentèrent d'abord d'intervenir entre les partis ; mais leur médiation fut récusée par le duc d'Orléans : « Vous n'appelleriez point de soldats, leur dit-il, dans vos assemblées pour vous aider à résoudre un point de doctrine, et l'on n'a que faire de vous ici dans les affaires de guerre ; retournez à vos écoles, restez dans votre métier, et sachez qu'encore qu'on appelle l'Université la *fille du roi,* ce n'est pas à elle à s'ingérer du gouvernement du royaume. » Les docteurs ne pardonnèrent jamais au duc ces humiliantes paroles, et la plupart embrassèrent le parti bourguignon. Ce fut un membre de l'Université, maître Jean Petit, cordelier, qui fit l'apologie du meurtre de Louis d'Orléans, assassiné par le duc de Bourgogne, Jean-sans-Peur, et cette puissante corporation ne voulut pas ou n'osa pas alors désavouer ces horribles maximes.

Lorsqu'en 1410, l'armée orléaniste s'avança sur Paris, une députation du corps universitaire vint supplier le duc de Berry de déposer les armes. Cette démarche fut inutile, et l'infortuné Charles VI, met-

tant à profit quelques intervalles de raison, résolut
de marcher lui-même contre les ennemis de son
peuple. Au moment où il sortait de Paris, le recteur le harangua et le supplia, dans les termes les plus
énergiques, *de rétablir la paix dans sa maison*. En
même temps, l'Université demandait au ciel, dans
des prières publiques, la fin de la guerre civile, qui
désolait la France : « Le sabmedy, quatrième jour
du mois de juin de l'an 1411, dit l'auteur du *Journal
d'un Bourgeois de Paris*, toute l'Université, de quelque
estat qu'il fust, sur peine de privation, furent à la
procession, et les petits enfants des escoles, tous nus
piez, chacun un cierge allumé en sa main, aussi
bien le plus grand que le plus petit, et s'assemblèrent
en cette humilité à Sainte-Catherine du Val-des-Es-
coliers, portant de saintes reliques sans nombre. Là
chantèrent la grant messe, puis revindrent à cueur
jeun [1]. » Deux ans auparavant, il y avait eu une première procession remarquable par l'affluence de
maîtres et d'écoliers qui la composaient. Partie de
Sainte-Geneviève pour aller à l'abbaye de Saint-Denis, elle était si nombreuse, que la tête du cortége
entrait à Saint-Denis, quand le recteur était encore
dans la rue des Mathurins [2]. Mais, à part quelques
honorables exceptions, là se bornèrent les efforts
de l'Université pour obtenir le retour de l'ordre et de

---

[1] *Collect. des mémoires relatifs à l'Hist. de France*, par
MM. Michaud et Poujoulat, première série, II, 655.

[2] Dubreuil, 614.

la paix ; elle ne voulut s'imposer aucun sacrifice, et
elle refusa obstinément de contribuer aux taxes de-
mandées par le roi.

Lorsque les *Cabochiens*, les partisans du duc de
Bourgogne, se furent rendus maîtres de la capitale,
l'Université, dominée par quelques factieux, fut en
quelque sorte complice des excès populaires. Son
orateur, Benoît Gentien, député aux états généraux
de 1413, se plaignit de la mauvaise administration
des finances, et reprocha à Charles VI de ne point
suivre les exemples de son père : « Sire, dit-il en ter-
minant, l'Université votre fille et vos bons et fidèles
bourgeois en ont beaucoup de douleur. » Ce discours parut trop modéré aux factieux, et l'Université demanda au roi une nouvelle audience. L'orateur de la compagnie, le carme Eustache de Pavilly,
attaqua sans aucune mesure les fautes du gouvernement et les prodigalités de la cour. « Toutes ces choses, sire, ajouta-t-il, l'Université ne vous les a point
dites pour en tirer un avantage personnel, mais pour
faire son devoir ; chacun sait que ce n'est pas elle
qui est accoutumée d'avoir les offices et les profits ;
elle ne se mêle que de ses études et de vous remon-
trer ce qui touche votre honneur et votre bien. » Ce
fut ce même Eustache de Pavilly qui osa dire au
Dauphin, quelque temps après : « La folie du roi, votre père, et la mort du duc d'Orléans sont les châti-
ments de leurs débauches ; si vous les imitez ou si
vous ne changez de conduite, on vous privera de la
couronne. » Les honnêtes gens, qui eurent le courage

de protester contre ces excès, furent poursuivis par le parti dominant ; la populace saccagea la maison du vénérable Jean Gerson, chancelier de l'Université, l'auteur de l'*Imitation de J.-C.*, et lui-même n'échappa à la mort qu'en se cachant sous les voûtes de Notre-Dame.

La pire de toutes les tyrannies est la tyrannie du peuple. L'Université, indignée de subir le joug des compagnons de messires Caboche et Capeluche, boucher et bourreau de la ville de Paris, revint à des sentiments plus modérés; elle maintint seule, suivant les expressions d'un vieil historien, «l'honneur, le respect de la vraie religion et l'amour du bien public. » Aussi les princes vinrent-ils en personne la remercier de ses louables efforts à combattre l'anarchie. « Le 7 août 1413, le duc de Guyenne accompagné des ducs de Berry, de Bourgogne, de Bavière et de Bar, se rendit aux Mathurins, où l'Université était assemblée, et témoigna tant d'affection à toutes les facultés qui composent cet illustre corps, que jamais elles ne reçurent plus d'honneur d'aucun fils de France [1].» Quelque temps après, le duc de Bourgogne se vit obligé d'abandonner Paris. Gerson demanda alors et obtint la condamnation des infâmes doctrines, soutenues par le cordelier Petit, et l'apologie du guet-à-pens de la rue Barbette fut brûlée publiquement, par ordre de la faculté de théologie, sur le parvis de Notre-Dame, le 13 février 1414. On songea ensuite à

[1] Félibien, II, 770.

rendre les derniers honneurs à la mémoire de Louis d'Orléans. Au commencement de l'année suivante, l'Université assista aux obsèques de ce malheureux prince, et l'oraison funèbre fut prononcée par deux de ses docteurs, Gerson et Jean de Courtecuisse. Le 10 juin de la même année, *la nation de France* fit célébrer un service solennel, et ordonna une procession générale. L'invasion des Anglais, qui mit le comble aux malheurs du royaume, ayant exigé, en 1418, le prélèvement d'un impôt extraordinaire, le corps enseignant voulut y contribuer, « pourvu toutefois, dit-il, que l'exemple ne tirât pas à conséquence. » Le roi accepta, mais il exempta de cette imposition les docteurs et les maîtres, dont la plupart n'avaient que de faibles ressources pécuniaires. L'Université était redevenue *la très-amée fille* du roi, et Charles VI ne dédaigna pas de venir assister plus d'une fois à ses assemblées [1].

Le recteur avait fait chasser de Paris les suppôts, partisans déclarés de Jean-sans-Peur ; la majorité de l'Université prêta serment de fidélité au roi, et cinq cents écoliers furent désignés pour défendre Paris contre les attaques des Bourguignons. Ces mesures énergiques attirèrent sur l'Université toute la haine de la faction contraire. Dans la terrible réaction qui

---

[1] Entre autres occasions, le jour de la fête de Saint-Guillaume, en 1417. La nation de France donna aux chevaliers qui accompagnaient le roi, et à ses suppôts, un déjeuner dont la dépense totale monta à 11 livres 11 sous 4 deniers, Crévier. III, 382.

suivit la prise de Paris, au mois de mai 1418, un
grand nombre de *clercs* furent massacrés par la populace comme *Armagnacs;* et bientôt après, Jean-sans-
Peur obligea l'Université à révoquer la condamnation
qui avait été portée contre la doctrine de Petit.
Après l'assassinat du duc de Bourgogne, dont le recteur Larcher prononça l'oraison funèbre, la situation
de la compagnie fut triste et misérable. Livrée à un
désordre inouï, dominée par les Anglais qui ne respectaient même pas ses priviléges et l'accablaient
d'impôts, abandonnée par les honnêtes gens, par les
bons clercs qui se rendaient à l'Université de Poitiers,
auprès de leur souverain légitime, Charles VII, l'U-
niversité de Paris n'avait plus que le souvenir de sa
splendeur passée. Une réprobation éternelle doit s'at-
tacher au nom tristement célèbre de Pierre Cauchon,
conservateur apostolique de l'Université, et à ceux
des docteurs *anglo-bourguignons*, qui, oubliant tous
principes d'humanité, de morale et d'honneur national, se distinguèrent par leur acharnement fanatique
contre l'héroïque jeune fille, connue sous le nom de la
Pucelle d'Orléans. Aussitôt qu'elle fut tombée au pouvoir des ennemis, les *clercs* s'empressèrent de demander sa mise en jugement, et ne cessèrent point d'écrire
au roi d'Angleterre, au duc de Bourgogne et à Jean
de Luxembourg au sujet de « telle femme qui se dit
la Pucelle, au moyen de laquelle l'honneur de Dieu
a été sans mesure offensé, la foi excessivement bles-
sée, et l'Église trop fort déshonorée ; car, par son occasion, ydolâtries, erreurs, mauvaises doctrines et

autres maux et inconvénients irréparables se sont
ensuivis en ce royaume. Et en vérité, ajoutent les
clercs, tous loyaux chrestiens vous doibvent mercier
grandement d'avoir fait si grand service à nostre
saincte foi et à tout ce royaume ; et quant à nous,
nous remercions Dieu de tous vos ouvrages et vostre
noble prouesse, tant comme le povons ; mais peu de
chose seroit avoir fait une telle prinse, s'il ne s'ensui-
voit ce qu'il appartient pour satisfaire à l'offence par
icelle femme perpétrée contre nostre très doux créa-
teur.... Et ce seroit intolérable offence contre la majesté si cette femme demeuroit en ce point, et qu'il
advînt que cette femme fût délivrée ou perdue,
comme ont dit aucuns adversaires soi vouloir effor-
cer de faire, et appliquer tous leurs entendements,
soit par argent ou rançon ; mais nous espérons que
Dieu ne permettra pas advenir un si grand mal sur
son peuple, et que ainsi vostre bonne et noble prudence ne souffrira pas, mais y saura bien pourvoir
convenablement ; car si ainsi estoit faicte délivrance
d'icelle sans convenable réparation, ce seroit déshon-
neur irréparable à vostre grande noblesse et à tous
ceux qui de ce se seroient entremis. »

Le procès de Jeanne d'Arc commença et l'Université de Paris, vendue aux Anglais, continua son infâme rôle. « Lorsque les juges se trouvaient empê-
chés dans les réponses de la Pucelle, dit un vieil historien, ils lui en écrivoient afin d'avoir son opinion ;
elle s'assembloit tantôt aux Bernardins, tantôt aux
Mathurins, et pour cette cause le procès est plein

d'une infinité de ses avis. » Six membres de la faculté de théologie furent envoyés à Rouen en qualité d'assesseurs, et l'on rédigea douze articles contenant les griefs du procès, qui furent soumis à la délibération des facultés de droit et de théologie par deux de ces assesseurs [1]. Il est inutile d'ajouter que la décision des docteurs fut conforme aux désirs des bourreaux de Jeanne d'Arc. Les clercs écrivirent en même temps à l'évêque de Beauvais et au roi d'Angleterre pour les féliciter de la *grande gravité qu'on avoit tenue au fait de Jeanne d'Arc* et de la *sainte et juste manière de procéder des juges, dont chacun devoit être bien content.* L'Université finissait son message par exprimer le vœu que cette affaire *fût menée par justice brièvement,* car la *longueur et dilacion estoient périlleuses* pour le peuple, qui *pour icelle femme avoit été moult scandalisé* [2].

On connaît la fin de ce triste procès, la honte éternelle du peuple anglais. A la nouvelle du supplice de Jeanne d'Arc, l'Université ordonna « une procession générale à Saint-Martin-des-Champs, où un frère dominicain fit une déclamation contre cette pauvre fille pour montrer que tout ce qu'elle avoit

[1] Ces deux assesseurs étaient Jean (ou Pierre) Morice et Nicolas Midi; ils appartenaient tous deux à l'Université de Paris. Dans une lettre au roi d'Angleterre, l'Université fit valoir les fatigues et les périls du voyage. Les frais leur furent largement payés à leur retour. — *Notice sur Jeanne d'Arc,* par MM. Michaud et Poujoulat, 1837, in-8°, 156.

[2] *Notice sur Jeanne d'Arc,* ibid.

fait, c'était œuvres du diable, non de Dieu. » Mais
les Anglais et leurs dignes acolytes ne purent anéan-
tir l'esprit national ; à la voix du *roi de Bourges*, qui
devait être bientôt roi de France, les bons citoyens,
nobles ou manants, coururent se ranger autour de
l'antique bannière aux fleurs de lis. Les partisans de
l'étranger, effrayés de cette réaction, se cachèrent ou
firent amende honorable, et l'Université, revenue à
des sentiments plus nationaux, se déclara peu à peu
contre les Anglais. Le duc de Bedford acheva de s'a-
liéner les *clercs* parisiens, en créant une nouvelle
Université à Caen (1431). Le recteur, en blâmant
devant le parlement certains décrets du gouvernement, ne craignit pas de dire « que de semblables
ordonnances devraient plutôt être appelées *désor-
donnances*, » et quelque temps après, on changea
le nom de la *nation d'Angleterre* en celui de *nation
d'Allemagne* [1]. En 1432, l'Université de Paris envoya
des députés au duc de Bourgogne pour qu'il cherchât
à mettre fin aux maux qui désolaient le royaume, et
l'année suivante, quand Philippe-le-Bon vint à Paris, elle l'engagea vivement à s'unir au *parti d'Orléans*
contre les Anglais. Elle envoya enfin des députés à
la conférence que le duc avait indiquée à Arras, et
où il conclut cette paix célèbre, signal du triomphe
de Charles VII.

Le 13 avril 1436, le duc de Bourgogne fit son
entrée à Paris au nom de son roi légitime. « Et le

---

[1] Crévier, IV, 79.

vendredi ensuyvant, dit le chroniqueur, pour la
grâce que Dieu avoit faite à la ville de Paris, fut
faite la plus solennelle procession qui fut faite passé
avoir cent ans; car toute l'Université, petits et grands,
furent à Sainte-Catherine-du-Val des Écoliers, chacun
ung cierge ardent en sa main, et étoient plus de quatre mille, sans autres personnes que prêtres et écoliers [1]. » Les facultés contribuèrent en outre de
leur plein gré à un impôt extraordinaire, qui devait subvenir aux frais de la guerre. A l'entrée de
Charles VII dans sa capitale, le 12 novembre 1438,
elles se rendirent au-devant du roi, le haranguèrent à
Notre-Dame, et le complimentèrent de nouveau, le
lendemain, à l'hôtel Saint-Pol, en présence de toute
la cour. Plus tard, les docteurs firent amende honorable en réhabilitant la mémoire de Jeanne d'Arc.
Ce fut maître Robert Cibolle, chancelier de l'Université, qui le premier écrivit pour la révision du procès
de l'héroïne d'Orléans.

L'Université, qui ne paraîtra plus sur la scène politique qu'à l'époque de la Ligue, se borna dès lors
à son administration intérieure et à ses propres affaires. Elle envoya des députés au célèbre concile de
Bâle, qui produisit la Pragmatique-sanction et où l'on
s'occupait de la réforme de l'Église. Les Facultés écrivirent à leurs envoyés : « Nous vous signifions que
notre intention n'est pas que nos priviléges soient

[1] *Journal d'un bourgeois de Paris*, Collect. Michaud, t. III,
279.

soumis à aucune discussion devant quelque juge que
ce puisse être ; nous voulons qu'ils soient supposés et
reconnus pour des principes avoués, parce que, d'une
part, ils sont fondés sur le droit commun et que de
l'autre, leur exercice constant et notoire de toute antiquité fait prescription et vaut titre. » Ainsi que
nous l'avons vu maintes fois, aucune corporation ne
défendait ses privilèges avec plus d'audace et de courage ; l'Université de Paris ne laissa jamais un outrage
impuni. En 1440, Jean Bayart, Colin Feucher et
Arnoulet Pasquier, sergents à verges, accompagnés
d'un meunier, nommé Gilet Roland, et de Guillaume
de Besençon, *faiseur de cadrans*, arrachèrent du couvent des Augustins, Nicolas Aiméry, maître en théologie, et tuèrent dans le tumulte un religieux qui leur
faisait résistance. L'Université prit aussitôt la défense
des Augustins, membres de la compagnie. Les coupables firent amende honorable, en chemise, nus
pieds et tenant une torche allumée ; ils furent condamnés à une amende de mille livre parisis, puis
leurs biens furent confisqués et eux-mêmes bannis à
perpétuité. Enfin, un bas-relief, qui attestait la réparation faite à l'Université, fut placé à l'angle de
la rue et du quai des Augustins[1]. Les *clercs* ne l'em-
portèrent point, quelques années après ; l'abus qu'ils
faisaient de leurs privilèges devenait intolérable. Ils
refusèrent de donner leur part d'un impôt ordonné
en 1445, et ils méconnurent la juridiction des com-

---

[1] Dubreuil, 554 et suiv.

missaires du fisc, prétendant ne pouvoir être jugés que par le roi. En même temps, suivant l'usage, les classes furent fermées. Charles VII en ordonna la réouverture, refusa de juger les affaires du corps enseignant, et le soumit à la juridiction du parlement, qui, suivant les propres expressions de l'ordonnance royale, « connaît, décide et détermine tous les jours de moult plus grandes choses que celles de ladite Université. » Le scandale fut grand dans les classes, et la décision du roi exaspéra les maîtres et les élèves : « La cour de parlement, disaient-ils, est la sœur de l'Université et non pas sa maîtresse. »

Le prévôt de Paris faisait fréquemment emprisonner des écoliers, sans égard pour leur qualité. Le Châtelet en renfermait plus de quarante, en 1453, quand le recteur, sur l'ordre de l'Université, se présenta chez le prévôt pour les réclamer : ils lui furent rendus. Il revenait avec un cortége nombreux dans la rue Saint-Antoine, lorsqu'il fut rencontré par un commissaire accompagné de huit archers. Une rixe s'élève : un bachelier en droit, Raimond de Mauregard, est tué ; vingt écoliers sont blessés ; le recteur lui-même eût péri sans le secours d'un bourgeois, qui arrêta le bras d'un arbalétrier prêt à le percer d'une flèche. Les bourgeois qui s'étaient armés avaient tendu des chaînes dans les rues. L'Université fit célébrer, le lendemain, le convoi du malheureux écolier. Toutes les leçons, toutes les prédications cessèrent, et une députation fut envoyée au parlement pour demander le châtiment des coupables et la mise en cause du prévôt de Paris. Un arrêt du parlement, du 21 juin 1453, condamna les archers à faire amende honorable à l'Université, nus en chemise, une torche à la main ; celui qui avait voulu tuer le recteur eut le poing coupé; mais le prévôt fut renvoyé de la plainte. Cette décision parut si peu satisfaisante à l'Université, qu'elle déclina la juridiction du parlement, continua de suspendre tous les cours, et se montra très-hostile à l'évêque, parce qu'il avait refusé de mettre la ville en interdit. L'année suivante, les classes furent enfin ouvertes et les sermons autorisés, excepté toutefois dans les paroisses de Saint-Paul, Saint-Gervais, et Saint-Jean-en-Grève, sur le territoire desquelles l'attentat avait été commis, et dont la population, à ce qu'il paraît, avait pris parti pour les archers. Un arrêt du parlement ordonna qu'une colonne serait élevée sur le lieu du crime, avec une inscription destinée à en perpétuer le souvenir : mais cet arrêt ne fut jamais exécuté [1].

L'Université eut à cette époque de nouvelles contestations avec les religieux Mendiants, qui avaient obtenu du pape Calixte III la permission de confesser. Les Mendiants furent exclus de toutes les Facultés. Le connétable de Richemond interposa son autorité, et présenta lui-même à l'assemblée des *clercs* les députés des moines : « Messieurs, dit-il, je vous ramène ces bons religieux, qui n'étaient pas bien avisés, et je vous prie, *mes bons seigneurs,* que, en faveur de

---

[1] M. Dubarle, I, 268 et suiv.

moi et pour le bien du pays, il vous plaise de les recevoir comme vos suppôts, de les traiter amiablement
comme devant. » Cette réconciliation ayant été dés-
approuvée par le général des dominicains, la querelle
recommença malgré les menaces du pape, qui écrivit
au roi, pour se plaindre de la *présomption criminelle*
de sa *fille aînée.* En 1458, les religieux Mendiants
renoncèrent à leurs prétentions, et rentrèrent dans le
sein de l'Université. A la même époque la compagnie
eut une violente querelle avec la cour des aides, qui
méconnaissait ses priviléges. Pour obtenir justice, le
corps enseignant ordonna la suspension générale des
sermons dans Paris, et, résistant aux ordres du roi,
il fit excommunier les agents fiscaux dont il croyait
avoir à se plaindre (20 mars 1460). Il menaçait déjà
de fermer les classes, lorsque Charles VII céda à ses
remontrances. Les *clercs* restèrent, il est vrai, soumis à la juridiction de la cour des aides, mais ils
eurent près de cette cour un magistrat spécialement
chargé de leurs intérêts, sous le nom de conservateur.

Malgré ces troubles et ces querelles, si funestes aux
progrès des études, l'Université se signala, sous ce
régne, par d'importantes améliorations. Une réforme
était nécessaire, après tant d'années de désordres. Le
parlement fut chargé de cette tâche difficile; le recteur s'y opposa et ordonna une réforme; mais ce long
travail n'avançait pas. Charles VII demanda au pape
un légat extraordinaire, ce fut le cardinal d'Estouteville, auquel il joignit des commissaires presque tous
membres du parlement (1452). Le statut qu'ils ar-

rétèrent contenait des règles pour les quatre facultés.
On remit les anciennes dispositions en vigueur, en les
modifiant selon les besoins des circonstances. Dans
la faculté de théologie, le temps d'étude pour acquérir la permission d'enseigner fut réduit à cinq ans au
lieu de sept; les droits excessifs de la faculté de
droit furent fixés à la somme, encore considérable
pourtant, de sept écus d'or pour la licence et de
douze pour le doctorat. On concéda aux médecins
la permission de se marier, sans perdre les droits de
régence (le mariage était, au moyen âge, considéré
comme incompatible avec les sciences, et cette absurde coutume privait de leur grade et de leur titre
les maîtres qui ne gardaient point le célibat.) Le statut s'occupa de toutes les branches d'enseignement,
de l'administration, de la discipline, et réprima l'extension du privilége scolaire. Enfin, les commissaires, pour faire observer les règlements, créèrent,
dans la faculté des arts, la nouvelle charge de *censeur*,
qu'on appela d'abord *réformateur perpétuel*. L'Université seconda ces réformes, et introduisit dans les écoles de nouvelles améliorations. Pour accorder à ses
suppôts quelques ressources pour leur vieillesse, elle
leur permit de vendre leur charge à un successeur
agréé par elle. Le greffier jouit le premier, en 1449,
de cette mesure, qui s'étendit, dit-on, quelquefois
aux professeurs. Il fut défendu d'établir aucune pension sans la permission du recteur [1]; on enjoignit aux

_____

[1] Un article de la réforme de 1452 concerne les maîtres de pen-

martinets ou *galoches* (écoliers externes) de se loger
dans ces établissements ou près des colléges; et plus
tard , en 1463, un décret de la faculté des arts exigea, comme garantie de leur conduite, qu'ils demeu-
rassent , soit chez leurs parents , soit chez un *corres-*
pondant. On fixa enfin les honoraires de chaque exami-
nateur pour l'admission au baccalauréat-ès arts à la
modique somme de deux sous [1].

Les études avaient été longtemps stationnaires ;
l'enseignement le seul répandu était celui du droit
canon et de la théologie. Ces études conduisaient au
sommet de la hiérarchie ecclésiastique. La grammaire
et la rhétorique étaient négligées ; la médecine se
trouvait encore à un degré fort proche de la barbarie;
on ne cultivait les sciences mathématiques que relativement à l'astrologie judiciaire, alors en grande faveur, même auprès des esprits les plus élevés. Aussi
lorsqu'au commencement du quinzième siècle, on
vit arriver aux écoles de Paris un *clerc* étranger qui ,
à l'âge de vingt ans, savait les sept arts libéraux ,
la théologie, la médecine, les droits civil et canon,
les langues grecque , latine , hébraïque , arabe et
chaldéenne , les armes et l'équitation, grand fut l'é-
tonnement des docteurs ; ils n'écoutèrent le jeune savant qu'avec une certaine terreur, et ils se dirent tout

---

sion. On leur reprochait « d'exiger de trop fortes pensions et d'é-
p argner sur la nourriture des élèves. »

[1] Crévier, IV, 269.

bas que c'était l'*Anté-Christ*. Je lis dans un poëte contemporain :

> J'ai vu par excellence
> Un jeune de vingt ans
> Avoir toutes sciences
> Et les degrés montans,
> Soy vantant savoir dire
> Ce qu'oncques fut escript,
> Par seule fois le lire
> Comme un jeune Anté-Christ.

Vers la fin du règne de Charles VII, les études prirent un certain développement ; heureuse réforme, qui faisait pressentir l'époque de la renaissance. La prise de Constantinople par Mahomet II (en 1453), qui eut une si grande influence sur l'Europe, donna à l'Université de Paris de nouveaux hôtes, qui payèrent noblement l'asile qu'on leur accordait. L'un deux, Grégoire Tifernas, élève du célèbre Chyrsolore, le maître du Pogge et de l'Arétin, vint ouvrir, à Paris, deux cours publics de grec et de rhétorique ; l'Université lui assigna cent écus de gages par an. Ces nouvelles études obtinrent peu de succès, car la misère chassa Tifernas de la capitale, vers 1459, et il vint mourir à Venise. Les études classiques ne fleurirent que pendant la période suivante.

CHAPITRE V.

Depuis Louis XI jusqu'à Henri II (1461-1547).

Louis XI, prince suffisamment instruit et quelque peu littérateur (car il est, dit-on, l'un des collaborateurs des *Cent Nouvelles*), n'encouragea point l'Université avec autant de bienveillance que ses prédécesseurs. A son entrée à Paris, il accueillit cependant avec bonté l'illustre compagnie, et quoique les Facultés eussent dérogé à l'usage, en ne sortant pas au-devant du roi, parce que, disaient-elles, on craignait l'embarras que causerait la multitude des suppôts, qui étaient au nombre de plus de vingt-cinq mille, les priviléges universitaires n'en furent pas moins confirmés. L'Université ne prit aucune part aux troubles qui agitèrent le royaume, pendant la guerre du *bien public* ; le rusé monarque paya son dévouement par des éloges et n'en resta pas moins opposé à ses empiétements. Le corps enseignant, se résignant à ne jouer aucun rôle politique, ne s'occupa que du progrès des études et de la réforme de son administration. Les colléges, qui jusqu'alors n'avaient été occupés

que par les boursiers, furent ouverts à tous les écoliers, et l'on compta, sous ce règne, dix-huit colléges qui recevaient dix à douze mille externes [1].

La découverte de l'imprimerie, qui devait changer
la face du monde, donna aux études un nouvel essor.
Cet art merveilleux fut dû au moins en partie à un
écolier de la *très-glorieuse Université de Paris*, Scheffer,
qui y étudiait en 1419, comme il le dit lui-même [2].
Le recteur, Guillaume Fichet, homme d'un talent
supérieur, appela dans la capitale, en 1470, et établit,
dans les bâtiments de la Sorbonne, trois imprimeurs
allemands, Ulric Gering, de Constance, Martin Krantz
et Michel Friburger, de Colmar [3]. Voyez cependant à
quoi tient l'immortalité ! Le nom du recteur Fichet
est-il connu aujourd'hui ? Cet homme distingué, dont
les talents et les services auraient dû sauver le nom
de l'oubli, professa pendant dix-huit ans, avant et
après son rectorat, la rhétorique à la Sorbonne. Il
faut joindre à Guillaume Fichet, les noms de François
Tardif, du recteur Lapierre et de l'historien Robert
Gaguin, qui enseignèrent les belles-lettres, sous ce
règne, dans différents colléges. Enfin, les professeurs,

---

[1] Cet usage, peu répandu, remontait à l'an 1396, et avait été
introduit d'abord au collége de Navarre.

[2] *Voy. Mém. de l'Ac. des Inscript. et belles-lettres*, t. XVI
et XVII.

[3] L'un de ces trois imprimeurs, Ulric Géring, qui mourut en
1510, légua sa fortune aux colléges de Sorbonne et de Montaigu.
La Sorbonne reçut 8,500 fr., qui servirent à fonder deux chaires
de théologie et quatre bourses nouvelles.

utilisant l'admirable découverte de l'imprimerie, publièrent des ouvrages sur l'enseignement, et suppléèrent ainsi à leurs cours publics. Fichet, entre autres, fit imprimer à la Sorbonne *trois livres* de sa rhétorique. En même temps, les études de grec, qui ne devaient prospérer qu'au seizième siècle, reprirent une nouvelle extension; Hermonyme (ou Hyéronyme), de Sparte, puis Tranquillus Andronicus, de Dalmatie, vinrent professer à Paris, vers 1476.

L'Université, qui défendit toujours avec courage les libertés de l'église gallicanne, fit une violente opposition à Louis XI, à l'occasion de la pragmatique-sanction. Les docteurs s'en repentirent. Le despote déclara, en 1467, que l'Université ne devait pas s'occuper des affaires d'État; et, afin que la compagnie n'eût à sa tête que des hommes dévoués aux intérêts de la royauté, il exigea qu'un commissaire du gouvernement assistât aux élections du recteur, parce qu'il n'est pas juste, disait-il, *de disposer de la fille sans que le père en soit instruit*. Louis XI interposa également son autorité dans cette ridicule querelle des *réalistes* et des *nominaux*, qui ressuscita tout à coup après quatre siècles d'oubli. Le confesseur du qui roi, était réaliste, fit prononcer contre ses adversaires l'exclusion de l'Université et même le bannissement; les ouvrages en faveur des *nominaux* furent enchaînés dans les bibliothèques. Sept ans après, on rendit pleine et entière liberté aux nominaux; alors, personne ne s'occupa de ces absurdes systèmes. En 1471, Louis XI exigea un nouveau serment de fidélité de tous les suppôts de l'Université, parce qu'un grand nombre d'entre eux étaient sujets du duc de Bourgogne ; il obligea presque tous les écoliers picards à sortir de Paris. Enfin, sa politique soupçonneuse ne voulut point d'étrangers dans les hautes fonctions de l'Université, et le recteur Corneille Houdendick, qui était flamand, se vit forcé de donner sa démission.

Ce règne n'en fut pas moins favorable au corps enseignant. Louis XI encouragea les lettres, lorsque sa politique ne l'entraînait pas à des mesures arbitraires. Le 14 avril 1478, il rendit à Arras une ordonnance qui confirmait tous les privilèges de l'Université ; deux ans après, il prescrivit, comme je l'ai déjà dit, la célébration de la fête de Charlemagne. Enfin, n'oublions pas que l'enseignement de la médecine prit, sous son règne, une grande extension, qu'on fonda en 1472 une école de médecine, et qu'en 1474 on fit la première *opération de la pierre* [1].

---

[1] « Au mois de janvier 1474, les médecins et chirurgiens de Paris représentèrent à Louis XI que plusieurs personnes de considération « étaient travaillées de la pierre , colique, passion et mal de côté ; qu'il serait très-utile d'examiner l'endroit où s'engendraient ces maladies ; qu'on ne pouvait mieux s'éclaircir qu'en opérant sur un homme vivant, et qu'ainsi ils demandaient qu'on leur livrât un franc-archer qui venait d'être condamné à être pendu pour vol, et qui avait été souvent fort molesté desdits maux. » On leur accorda leur demande ; et cette opération, qui est, je crois, la première qu'on ait faite po   la pierre, se fit publiquement

Pendant les troubles qui agitèrent la régence de madame de Beaujeu, sœur de Louis XI, l'Université resta en dehors de toutes les passions politiques; le recteur répondit avec beaucoup de dignité au duc d'Orléans, qui voulait entraîner dans sa rébellion les grands corps de l'État. Charles VIII, relégué pendant sa jeunesse, dans le château d'Amboise, avait eu une éducation fort négligée; il ne connaissait de la langue latine, que la célèbre maxime de son père : *Qui nescit dissimulare, nescit reynare.* Le jeune prince, dont les idées étaient toutes chevaleresques et qui n'aspirait qu'à la gloire militaire, favorisa cependant, autant qu'il lui fut possible, les clercs de sa bonne ville de Paris. Il assistait souvent aux leçons et ne dédaignait pas d'accepter les cadeaux d'usage, qui étaient un bonnet d'écarlate et des gants violets, que la compagnie avait coutume d'offrir aux princes qui la visitaient. Enfin, après avoir confirmé ses priviléges, il rendit, le 20 mars 1489, une célèbre ordonnance qui fit cesser les contestations, sans cesse renaissantes, entre la cour des aides et l'Université, en déterminant quels seraient les *suppôts* qui devaient être associés à ses immunités et franchises. Ce furent, outre les maîtres

dans le cimetière de l'église Saint-Séverin. « Après qu'on eut examiné et travaillé, ajoute la chronique, on remit les entrailles dedans le corps dudit franc-archer, qui fut recousu, et, par l'ordonnance du roi, très-bien pansé, et tellement qu'en quinze jours il fut guéri; il eut rémission de ses crimes, sans dépens, et il lui fut même donné de l'argent. » Saint-Foix, III, 267.

et les écoliers, quatorze bedeaux, quatre avocats et
deux procureurs au parlement, deux avocats et un
procureur au Châtelet, vingt-quatre libraires, quatre
parcheminiers, quatre marchands de papier, sept
fabricants de papier (trois à Troyes, quatre à Corbeil),
deux enlumineurs, deux relieurs, deux écrivains et un
messager pour chaque diocèse [1]. La même année,
le roi voulut imposer un décime sur le clergé, et,
pour vaincre l'opposition de l'Université et du parlement, il sollicita une bulle du Vatican. La compagnie
n'en refusa pas moins de payer l'impôt, en appela
du *pape mal conseillé au pape mieux conseillé*, et montra
tant d'énergie, que les commissaires du saint-siége
furent obligés de déclarer que l'on n'avait pas eu
l'intention de comprendre dans l'obligation du décime les véritables membres de l'Université. Le corps
enseignant de Paris, comme nous l'avons déjà vu,
s'opposait toujours avec courage aux empiétements
de la cour de Rome. En 1498, Charles VIII voulant
réformer le clergé de France, et lui donner une constitution indépendante du saint-siége, demanda
l'opinion de l'Université sur la question de savoir si
le pape était obligé tous les ans de réunir un concile
général; si, dans le cas de refus, les princes séculiers pourraient s'assembler; enfin, si l'Église de
France pourrait, sur le refus du pape, s'assembler
elle-même et former un concile. L'Université répondit affirmativement.

Le règne de Louis XII commença par l'une de ces

[1] Crevier, IV, 447.

violentes contestations du pouvoir avec le corps enseignant, qui jetaient le trouble dans Paris et nuisaient
au progrès des études. Pour satisfaire aux vœux émis
quatorze ans auparavant par les états de Tours, le
nouveau roi rendit, le 31 août 1498, un édit qui
restreignait les priviléges de l'Université, réformait
plusieurs de ses règlements, et réduisait au temps
des études la puissance des priviléges scolastiques,
dont auparavant on pouvait user pendant toute la
vie. L'indignation fut grande dans les écoles. Après
avoir vainement protesté contre l'enregistrement de
l'ordonnance, l'Université ordonna, le 25 mai, une
procession solennelle à l'église de Sainte-Catherine du
Val des Écoliers, où fut célébrée une messe du Saint-
Esprit pour demander que Dieu inspirât au roi des
sentiments plus favorables. Louis XII restait inflexi-
ble ; alors les classes furent fermées, les prédications
suspendues, les médecins reçurent l'ordre de ne plus
visiter leurs malades. Des placards injurieux contre
le roi et le chancelier Gui de Rochefort furent affi-
chés dans les carrefours ; quelques écoliers osèrent
même dessiner sur la porte de l'hôtel Rochefort un
cœur traversé de deux poignards. Tous les *clercs* coururent aux armes, et, malgré les mesures du prévôt et
du chevalier du guet, une émeute était inévitable.
Mais le roi, qui était à Corbeil, en imposa aux mu-
tins par son énergie. Il reçut avec sévérité le recteur,
Jean Cave, et les députés de l'Université ; il exila Thomas Varvert ou Warner, et Jean Standonc[1], qui,

[1] L'exil de Standonc, déterminé par la cessation des leçons,

dans leurs sermons, avaient parlé de Louis avec irré-
vérence, et le prince lui-même marcha sur Paris à
la tête d'un fort détachement de troupes. Il entra
par la porte Saint-Jacques, et traversa le quartier de
l'Université, entouré de ses hommes d'armes, la lance
en arrêt et les arcs bandés. Personne ne fit résistance,
et l'ordonnance fut enregistrée au parlement [1].

L'Université, qui eut le bon esprit de céder en
cette circonstance, fut heureuse et tranquille sous
Louis XII, prince lettré et ami des savants. Elle vit
ses priviléges les plus importants confirmés et respectés avec soin, et elle s'occupa en silence de ses
études et de son administration. Une seule fois, elle
fut appelée à soutenir les droits de l'Église et du
royaume. Le pape Jules II, ce grand ennemi des *Barbares*, ainsi qu'il nommait les Français, ayant fait
écrire par le dominicain Cajetan un ouvrage qui défendait les principes ultramontains, Louis en référa
aux docteurs en théologie. « Nous vous prions, leur

était moins la punition de son attachement aux libertés universitaires, que de sa résistance dans une autre affaire à laquelle le roi
prenait le plus vif intérêt : c'était la rupture de son mariage avec
Jeanne de France, pour épouser Anne de Bretagne, qu'il avait
aimée autrefois. Cependant, en 1499, le roi, informé des grands
services que Standonc avait rendus à l'enseignement, le rappela de
son exil. Né dans la classe la plus pauvre, domestique dans la
maison de Sainte-Geneviève, Standonc travaillait le jour pour
vivre, et la nuit montait au clocher pour étudier au clair de lune.
Il s'éleva par son mérite à tous les grades académiques, et parvint
au rectorat en 1485. — M. de Gaulle, II, 179.

[1] Félibien, II, 894. — Dubrenil, 615.

écrivit-il, que vous, après avoir reçu ledit livre, le
visitiez et examiniez diligemment, et le confutiez
par raison en points et articles esquels il vous sem-
blera être contre vérité; si n'y veuilliez faire faute,
et vous nous ferez service très-agréable en ce faisant.»
La réfutation fut confiée au docteur Jacques Almain[1].
— Quelques réformes importantes eurent lieu à cette
époque dans l'Université. Les clercs menaient une
vie déréglée qui leur attira plus d'une fois les reproches du fougueux prédicateur, Olivier Maillard. Il
demandait aux écoliers si leurs parents les avaient
envoyés à Paris, et aux maîtres s'ils étaient payés
pour dépenser leur argent avec des prostituées (*mere-
trices*). On voulut porter remède à ces désordres.
Les professeurs, surpris dans une querelle ou dans
une orgie, furent privés des droits académiques; les
écoliers battus de verges. Défense fut faite aux maîtres
de pension de laisser sortir leurs élèves pendant la
nuit. Un règlement de la faculté des arts défendit, en
1488, les danses, les *chansons* et les déguisements.
Les comédies, où se plaçaient souvent les allusions
les plus grossières, furent soumises à la censure du
principal. Le Pré-aux-Clercs, ce théâtre sanglant des
exploits des écoliers, leur fut interdit; et en 1489,
on les empêcha de marcher à l'avenir en tête des processions, où ils portaient le trouble. La *Nation de
France* publia des règlements sur les plus minces dé-

---

[1] Son ouvrage est intitulé : *De l'autorité de l'Église et des
conciles, contre Thomas Cajetan.*

tails de son administration ; elle restreignit les dépen-
ses, et fixa, dans un statut fort curieux, les frais
qu'on devait faire en certaines occasions. A sa fête,
par exemple, qui tombait le jour de Saint-Guillaume,
l'office était célébré par un prélat, et deux écus d'or
étaient alloués pour son dîner. Si c'était un jour gras,
le repas devait se composer de deux chapons, deux
lapereaux, deux perdrix, deux bécasses ; si c'était
maigre, un brochet, une carpe, une anguille, deux
quartes de vin et une quarte d'hypocras [1].

Les études devinrent plus fortes et furent mieux
dirigées. En 1503, la faculté des arts porta un règlement très-sévère pour réprimer l'excessive indul-
gence des professeurs dans les examens : « Car, disait
le recteur, on reçoit des ignorants, des bouviers,
qui non-seulement ne comprennent pas Aristote,
mais n'entendent pas même les premiers éléments de
la langue latine. On juge que nous ressemblons à
ceux que nous admettons dans notre corps ; en conséquence, on abroge nos priviléges. » Louis XII, qui
forma la bibliothèque la plus nombreuse que l'on
connût alors, encouragea les littérateurs nationaux et
attira en France les savants les plus distingués de
l'Italie. Il faut citer, parmi eux, Lascaris et Jérôme
Aléandre. Lascaris rendit de grands services aux
études classiques par la correction des manuscrits
anciens, et forma Guillaume Budé et Pierre Danes,
deux gloires du règne suivant. Aléandre vint, en

_____
[1] Crévier, V, 31.

1508 , professer, à Paris, le latin, le grec et l'hébreu;
Vatable apprit sous lui la langue hébraïque, et en
1512, ses autres disciples firent imprimer à leurs
frais un lexique. Un professeur de l'Université,
nommé Tissard, fit également imprimer le premier,
en France, des livres grecs, et dédia, vers 1500, au
duc de Valois, plus tard François Ier, la première
grammaire hébraïque qu'on ait vue dans notre pays.
Les utiles travaux de Budé datent de cette époque[1].
Enfin, on peut joindre à ces grands noms, ceux de
Montjoie, de Ferrabot, de Jean Texier (*Ravisius Tex-
tor*), qui rivalisèrent de zèle et de talent avec les
professeurs étrangers. Mais les études ne prirent cependant une véritable extension que sous le règne
de François Ier.

Ce règne commença, comme le précédent, par
une violente contestation entre le roi et l'Université.
Mais cette fois la compagnie était excitée par un
louable motif. François Ier ayant consenti à l'abolition de la pragmatique-sanction, le parlement et
l'Université protestèrent avec énergie contre cette
illégalité, contre cet abus du pouvoir. Le clergé déclara que l'Église gallicane, assemblée en concile,
pouvait seule prononcer si le concordat remplacerait
la pragmatique; le parlement refusa de l'enregistrer
jusqu'à la décision du concile national. François, en
véritable despote, soutint le concordat par des violences. Le parlement, intimidé, fut obligé de céder;

---

[1] *Précis de l'hist. de France,* par MM. Cayx et Poirson.

mais les conseillers firent une protestation entre les
mains de l'évêque de Langres et déclarèrent à l'U-
niversité : « Que la publication du concordat ne lui
porterait aucun préjudice, ni à ses suppôts, tou-
chant leurs priviléges, et que dans tous les procès,
la cour, nonobstant l'enregistrement de l'édit d'abolition, jugerait selon la pragmatique-sanction, ainsi
qu'elle avait accoutumé. » L'opposition du corps
universitaire fut plus persistante encore que celle
du parlement. Elle convoqua, aux Bernardins, une
assemblée générale de ses membres, le 27 mars 1518.
On y convint « d'appeler du concordat au futur concile, au pape futur et au parlement; de notifier cet
appel au parlement; de défendre aux libraires (qui
étaient, comme on l'a vu, sous la dépendance de
l'Université) d'imprimer ou de vendre le concordat,
sous peine de perdre leur état; et enfin de prier
l'archevêque de Lyon, primat du royaume, d'assembler l'Église gallicane. » Le procès-verbal de cette
délibération fut affiché le même jour dans toute la
ville, et les prédicateurs firent retentir les églises
de leurs plaintes. Une aussi vive résistance irrita le
monarque; il fit marcher des troupes sur Paris; on
arrêta quelques-uns des plus exaltés, et l'Université,
menacée de toute la colère du prince, fut obligée
de fléchir et finit par se soumettre à la volonté
royale [1].

Ce fut sous le règne de François Ier que commencèrent ces querelles religieuses, cette distinction

[1] M. Dubarle, II, 8.

de *protestants* et de *catholiques*, qui attirèrent sur le royaume toutes les calamités des guerres civiles. L'Université devait nécessairement y jouer un rôle. En 1521, à la sollicitation du chancelier Duprat, les docteurs en théologie se réunirent pour examiner la doctrine de Martin Luther, et la condamnèrent d'une manière solennelle. Ce fut le signal des persécutions contre les calvinistes. Il n'entre point dans mon sujet d'exposer ici la conduite du gouvernement et du clergé, qui violèrent souvent toutes les lois divines et humaines sous prétexte d'assurer le triomphe de la religion ; cette conduite fut odieuse et impolitique. La faculté de théologie de Paris se montra la plus acharnée contre les réformateurs ; elle poursuivit d'abord les ouvrages qui lui parurent contenir des maximes peu orthodoxes ; puis, entraînée par son farouche syndic, Noël Beda, et quelques autres fanatiques, elle fit conduire les protestants au supplice. L'Université ne partagea pas toujours le zèle ardent de ses docteurs[1] ; les doctrines nouvelles faisaient chaque jour d'immenses progrès dans les écoles, et le recteur, Nicolas Cop, ami de Calvin, fut obligé de prendre la fuite pour échapper à la mort. On sait qu'en 1535, François Ier ordonna la suppression des imprimeries, *sous peine de la hart ;* sur les réclamations du parlement, il révoqua la même année cette ordonnance et établit la censure[2]. L'Université fut chargée d'exer-

[1] Crévier, V, 216.

[2] *Registres mss. du parlement*, cités par M. Michelet, dans le *Précis d'hist. moderne.*

cer cet immense pouvoir, et le gouvernement déclara
qu'on ne pourrait plus désormais imprimer aucun
ouvrage, sans qu'auparavant il eût été examiné par le
recteur et les doyens des facultés [1].

L'effervescence causée par les querelles religieuses
et les malheurs de la guerre nuisirent, sous ce règne,
au progrès des études. Les savants, qui avaient embrassé le parti de la réforme, furent obligés de s'ex-
patrier pour éviter les persécutions de la Sorbonne.
En 1521, tous les écoliers flamands, espagnols ou
allemands, qui étaient sujets de Charles-Quint, furent
mis en prison, et ce ne fut qu'après de longues démarches que la compagnie put obtenir leur liberté.
Ces mesures impolitiques éloignèrent pour longtemps
de Paris tous les étudiants étrangers. Toutefois l'Université ne resta pas en dehors du grand mouvement
intellectuel qui signale l'époque de la renaissance. Il
y a plus, la plupart des savants faisaient partie du
corps enseignant, et leurs travaux ne contribuèrent
pas peu à rendre populaires les études classiques.
« Dès le temps de Louis XI et de Louis XII, dit un
écrivain moderne, on avait commencé à étudier les
langues anciennes, même d'une manière approfondie;

---

[1] L'imprimerie avait déjà, à cette époque, une assez grande
activité à Paris : et nous voyons, dans un procès élevé en 1538,
entre l'Université et les sept fabricants de papier qui faisaient
partie de son corps, que deux imprimeurs seulement avaient
chacun quatorze presses, deux cent cinquante ouvriers, et qu'ils
employaient deux cents rames de papier par semaine. M. Dubarle,
ibid., 29.

mais un nombre infiniment restreint de savants de
profession s'était livré à ce travail. Au commencement du règne de François Ier, la masse des membres
du clergé, des maîtres et des écoliers de l'Université
connaissait à peine les noms d'Homère, de Sophocle
et de Platon, et ne comprenait qu'un latin barbare.
On disait proverbialement, même dans les classes
réputées instruites : « Cela est du grec, on ne peut
le lire, » L'érudit Claude Despence, persécuté à
cause de ses connaissances mêmes, déclare que, de
son temps, on passait pour hérétique quand on savait
un peu de grec et de latin. Le syndic de la faculté
de théologie, Noël Beda, s'écriait en plein parlement
que la religion était perdue si l'on enseignait le grec
et l'hébreu, parce que l'autorité de la Vulgate serait
détruite; soutenant ses principes par des actes, il
forçait le savant Lefèvre d'Étaples à se sauver à Stras-
bourg pour échapper aux dangers d'une accusation
capitale. Un moine disait en chaire : « On a trouvé
une nouvelle langue qu'on nomme grecque; il faut
s'en garantir avec soin. Cette langue enfante toutes
les hérésies. Je vois entre les mains de plusieurs un
livre écrit en cette langue : on le nomme *Nouveau
Testament*; c'est un livre plein de ronces et de vipères.
Quant à la langue hébraïque, tous ceux qui l'apprennent deviennent juifs aussitôt. » Ainsi, tout homme
instruit était d'abord montré au doigt comme hérétique, dans un temps où l'hérésie encourait la peine
capitale. La littérature ancienne était comme une
terre enchantée, dont l'ignorance et le zèle religieux

le plus aveugle gardaient les approches : on n'y mettait le pied qu'au péril de sa vie[1].

Ce tableau n'est point chargé ; tel était l'état des études au commencement du seizième siècle. Tout changea sous le règne de François Ier, *le père des lettres.* De savants imprimeurs et des érudits publièrent d'excellentes éditions des chefs-d'œuvre de l'antiquité ou des travaux de philologie, tels que le *Trésor de la langue latine*, par Robert Estienne. La science du droit fit d'immenses progrès ; Duaren, élève d'Alciat, professa à Paris, et propagea dans ses ouvrages les maximes du grand maître. Enfin les noms de Gauthier d'Andernach, de Dubois (*Del Boë* ou *Sylvius*), d'Ambroise Paré, d'Oronce Finé, prouvent que les sciences ne restèrent point stationnaires, et qu'il s'opéra également dans cette partie une heureuse révolution. François Ier, et c'est un de ses plus beaux titres de gloire, en fondant le collége royal, d'après les conseils de Budé et malgré l'opposition de la Sorbonne, renversa tous les obstacles qui s'opposaient au progrès des lumières. « Le plan de cet établissement ne fut pas d'abord conçu dans toutes ses parties, et arrêté irrévocablement. Le roi forma le collége royal dans le sein de l'Université, dont on devait et dont il fallut plus tard le séparer. Au début, l'on se borna à deux enseignements, et l'on sentit bientôt la nécessité d'élargir ce cercle trop resserré. Mais deux grandes idées éclatent à travers ces essais

[1] M. Poirson, *Précis d'hist. de France.*

pénibles et ces tâtonnements. Le roi émancipa la
science en faisant enseigner publiquement des choses
que le clergé n'aurait jamais permis qu'on enseignât,
et que l'Université n'aurait jamais pu enseigner. De
plus, en assignant des appointements aux professeurs,
en leur défendant d'exiger aucune rétribution pour
leurs leçons, il ouvrit à tous, même aux plus pauvres, les sources de l'instruction la plus relevée. En
1530, il nomma des professeurs, dont le plus connu
est Vatable; des professeurs pour le grec, parmi lesquels Pierre Danes; et un professeur pour les mathé-
mathiques. En 1534, il fonda une chaire d'éloquence
latine; en 1542, une chaire de médecine; en 1543,
une chaire de philosophie grecque et latine. Attaqué,
mais vainement, devant le parlement par l'Université,
dont on désertait les cours pour suivre les leçons gra-
tuites d'hommes supérieurs, le collége de France
s'affermit et reçut son organisation définitive, sous
ce règne, par les lettres de 1543, qui réglèrent le
nombre des professeurs pour chacune de ces facultés.
L'enseignement était réellement plus étendu et plus
varié que l'énoncé ci-dessus ne l'indique. De 1539 à
1544, Guillaume Postel professa à la fois les mathématiques et les langues orientales autres que l'hébreu[1]. »

Nous devons mentionner quelques réformes importantes sous ce règne. Le parlement enjoignit à
l'Université, en 1522, de ne nommer à l'avenir à ses

---

[1] M. Poirson, *ibid.*

offices « que des personnes qui fussent de l'état, qualité et profession, convenables et propres auxdits états et offices, et qui les exercent continuellement, actuellement et sans fraude. » En 1524, l'un des prétendants au rectorat s'était emparé de la salle des assemblées avec des hommes en armes, l'élection avait été des plus tumultueuses, les portes et les fenêtres avaient été brisées, le prévôt de Paris et ses sergents avaient été obligés de se retirer. Le parlement décida dès lors qu'on ne pourrait être élu recteur, comme autrefois, qu'après sept ans de maîtrise, à moins qu'on ne fût bachelier *formé*, c'est-à-dire ayant professé en théologie, ou licencié en droit ou en médecine. Les *entrants*, qui élisaient le recteur, devaient avoir au moins trente ans. Comme plus tard il fut permis d'être bachelier à vingt-un ans, il en résulta cette bizarrerie qu'on put être nommé recteur à un âge où on ne pouvait encore concourir à l'élection. En 1534, un nouveau statut fut donné pour les facultés de droit et des arts. La première fut dès lors organisée à peu près telle qu'elle existe encore de nos jours. Quant à la faculté des arts, Aristote fut recommandé toujours comme devant former la base des études; on exigea que les écoliers parlassent latin dans les classes; et l'on défendit aux maîtres de laisser pousser leur barbe, *qui leur donnait un air trop mondain.* La même année, la faculté de décret réclama une exemption dont les médecins étaient depuis longtemps en possession; elle demanda que ses membres ne fussent pas soumis à la loi du célibat. Ce fut l'objet

de vives discussions, on ne leur accorda leur demande
que deux ans après. Les élèves formèrent, vers la
même époque, une corporation, avec un syndic ; ils
prétendaient juger les concours et pouvoir s'opposer
à l'élection des maîtres, lorsqu'ils le jugeraient convenable. Il fallut plusieurs arrêts du parlement pour
mettre fin à ces désordres. La faculté des arts fit aussi
un nouveau règlement. Elle fixa à huit heures l'ou-
verture des classes, qui autrefois commençaient à cinq
heures du matin, et elle proposait d'abréger encore
d'une année la durée des cours de philosophie, qui,
par les statuts du cardinal d'Estouteville, avaient été
réduits de cinq ans à trois ans et demi ; mais la faculté
de théologie s'opposa avec tant de force à cette utile
mesure, qu'elle ne put être mise à exécution que fort
lontemps après. Enfin, l'Université, pour prévenir
toute occasion de troubles, défendit, par ordre du
parlement, à tous les maîtres et écoliers de sortir,
comme ils en avaient l'habitude, avec des tambours
et des trompettes, pour aller soit au Lendit, soit à
d'autres divertissements ; et pour que les chefs de la
compagnie s'assurassent eux-mêmes de la tranquillité,
il fut prescrit aux recteurs de faire toujours la visite
des colléges pendant la durée de leur magistrature.
On se vit même obligé de s'opposer à la plantation
des *mai*, sous peine de privation de priviléges académiques.

Le *lendit*, dont je viens de parler, mérite quelque
attention : « Le mot latin *indictum* signifiait, au douzième siècle, un jour et un lieu indiqués pour quel-

que assemblée du peuple. Ce mot a souffert deux al-
térations dans notre langue : l'I fut d'abord changé
en E, ensuite en A ; on a prononcé l'*indict*, l'*endict* et
ensuite *landit*. Ce dernier mot signifie donc la même
chose que le premier ; c'est-à-dire, un lieu où l'on
s'assemblait par ordre ou avec la permission du prince.
Lorsqu'on eut apporté en France du bois de la vraie
croix, l'évêque de Paris , pour satisfaire la piété des
fidèles de son diocèse, qui souhaitaient voir cette
précieuse relique, établit un *indict* annuel dans la
plaine de Saint-Denis, n'y ayant pas d'emplacement
assez vaste dans la ville, pour contenir tant de
monde. Le clergé y allait en procession ; l'évêque y
donnait la bénédiction au peuple. L'Université de
Paris, ayant pris une certaine forme , s'y rendit pareillement avec son recteur, de même que le parlement , lorsqu'il fut rendu sédentaire. L'endroit était
sec et aride, car il n'y avait ni ruisseau, ni fontaine ;
on fut donc obligé d'y apporter des rafraîchissements.
Peu à peu il s'y forma une foire : elle fut continuée
durant plusieurs jours, et devint bientôt fameuse.
Comme le parchemin était alors la matière dont on
se servait le plus communément pour écrire, il s'en
faisait un débit considérable à cette foire. Le recteur
de l'Université allait lui-même acheter ce qu'il lui en
fallait pour lui et pour tous ses colléges ; et il n'était
pas permis d'en vendre aux marchands de Paris, avant
qu'il en eût fait sa provision [1]. Cette procession du

[1] Le recteur prélevait un droit de 16 deniers sur les paquets
de parchemin que les marchands apportaient à la foire du Landit;

10

recteur à la foire du Landit procura aux étudiants
quelques jours de vacances. Tous voulurent escorter
le chef de l'Université. Les régents et les écoliers se
trouvaient à cheval sur la place de Sainte-Geneviève;
de là ils marchaient en ordre jusqu'aux champs du
Landit. Cette longue cavalcade se terminait rarement
sans effusion de sang. Malgré la diligence de leurs
maîtres, ces jeunes gens, après avoir dîné, se que-
rellaient et en venaient aux mains. Outre ces petites
guerres, le Landit était encore sujet à d'autres inconvénients. Plusieurs vagabonds, domestiques et
gens sans aveu se joignaient au cortége de l'Université : les filles et les femmes, en habit de garçons,
s'y mêlaient aussi et y causaient des désordres. Il
fallut plusieurs arrêts du parlement pour y remédier;
encore ne vint-on à bout de les faire cesser entièrement que lorsqu'on eut transféré cette foire célèbre,
du milieu de la plaine, dans la ville même de Saint-
Denis. Le temps de la Ligue qui survint et l'inutilité
d'aller acheter des parchemins, depuis que le papier
était devenu commun, contribuèrent aussi beaucoup
à l'abolissement du Landit. Le nom cependant,
ajoute Saint-Foix, en est resté; et l'on appelle ainsi
le congé que prend encore l'Université, le lundi après
la Saint-Barnabé [1]. »

ce ne fut qu'en 1469 que l'Université parvint à se faire confirmer
ce droit, dont elle usa jusqu'en 1600, époque à laquelle elle cessa
de le percevoir. Les revenus du recteur ne se composaient que de
ce droit et de taxes appelées bourses, d'une valeur de 5 à 6 sous
chacune, que tous les membres de l'Université devaient payer.

[1] *Essais hist.*, III, 540 et suiv.

CHAPITRE VI.

Depuis l'avénement de Henri II jusqu'à l'entrée de Henri IV dans Paris. (1547-1594).

Lorsque le successeur de François Ier fit son entrée
solennelle à Paris, en 1549, les facultés décidèrent que
tous leurs suppôts iraient à cheval au-devant de lui
et qu'il serait harangué par le recteur lui-même. Jusqu'alors la parole avait été portée au nom de la compagnie par un docteur; l'usage contraire prévalut
depuis, malgré les efforts de la faculté de théologie [1].
Le nouveau roi confirma les priviléges de l'Université,
se déclara son *bon père* et son *protecteur*, et, en 1557,
il l'exempta de tout impôt, par lettres-patentes qui
propageaient une ridicule tradition, en faisant remonter la fondation de l'Université à l'année 790,
sous le règne de Charlemagne [2]. Le règne de Henri II
n'en fut pas moins fatal au corps enseignant. D'abord
le fils de François Ier, adoptant les maximes d'une

---

[1] L'honneur de complimenter le roi est réservé aujourd'hui au
ministre de l'instruction publique, grand-maître de l'Université,
et en son absence au vice-président du conseil royal.

[2] Crévier, V, 418.

politique étroite et sans portée, chassa du royaume
tous les étrangers, en 1553, et dépeupla ainsi les
écoles parisiennes ; l'*édit de Châteaubriand*, qui mettait mille entraves à la liberté de la presse et de la
pensée, qui soumettait les professeurs à une rigoureuse inquisition, ôtait à l'enseignement toute dignité,
toute indépendance ; enfin, la lutte de l'Université
avec les Jésuites, querelle importante dont je parlerai
plus tard et qui dura près de deux siècles, l'agitation
des esprits, vivement préoccupés de réformes politiques et religieuses, les troubles sans cesse suscités
par les écoliers, tout s'opposa, pendant cette période,
au progrès des études.

J'ai parlé en maintes occasions, dans le courant de
cette histoire, des querelles de l'Université avec les
religieux de Saint-Germain-des-Prés. La compagnie
avait aliéné, en 1540, le petit Pré-aux-Clercs, l'un
des sujets de ces interminables dissensions; mais le
Grand-Pré était resté en sa possession. Au commencement du règne de Henri II, un homme célèbre à
cette époque, Pierre *Ramus* ou de La Ramée, proviseur du collége de Presles, publia un écrit violent qui signalait les usurpations commises par l'abbaye, et excita les écoliers à défendre leurs droits
méconnus [1]. Ils répondirent avec joie à cet appel.

[1] Nous avons déjà vu que l'Université, au moyen âge, aimait
singulièrement à venger elle-même ses injures. Voici un nouveau
fait rapporté par Saint-Foix, dans ses curieux *Essais sur Paris* :
« En 1515, un particulier du faubourg Saint-Germain s'avisa
d'ensemencer une partie du Pré-aux-Clercs, appartenant à l'Uni-

Le 4 juillet 1548, sur les deux heures de l'après-
midi, toute la population turbulente du quartier
latin se porta en armes sur le grand enclos des moines
de Saint-Germain, l'envahit par plusieurs brèches et
y détruisit les treilles de vignes et les arbres fruitiers.
Puis les mauvais garnements allèrent commettre les
mêmes ravages dans le jardin de maître Charles Thomas, conseiller au grand conseil, et dans plusieurs
autres propriétés situées sur le territoire de l'abbaye.
En vain les religieux, avec tous leurs vassaux et domestiques, essayèrent de repousser la force par la
force ; les écoliers terminèrent à leur gré leur œuvre
de destruction, et le soir, ils se retirèrent en ordre
de bataille, emportant comme trophées des branches
d'arbres et des ceps de vignes qu'ils brûlèrent en
triomphe sur la place de Sainte-Geneviève-du-Mont [1].
Le parlement se saisit aussitôt de cette affaire, mais
il était bien disposé en faveur du corps enseignant :
« L'Université, dit l'avocat général Marillac, est la
mère, le séminaire et la pépinière de tous gens de bien,

versité. Le recteur fit assembler toutes les facultés, pour délibérer
sur cette entreprise. Il fut résolu que l'Université se ferait justice
elle-même, en arrachant le blé semé sur son terrain. Cette grave
délibération fut exécutée dès le moment même. Le recteur, à la
tête de sa compagnie et des écoliers, se transporta sur le lieu, et le
blé fut arraché. »

[1] Dubreuil, p. 584 et suiv. Jacques Dubreuil était alors étudiant, et il prit part à cette espèce d'insurrection. « J'en parle, dit-il,
comme une personne qui y estoit, *turbam ad malum secutus*,
suivant la foule pour faire le mal. »

de vertu, de savoir; en sorte que, non-seulement
elle serait plus à favoriser que l'église de Saint-Germain, sans comparaison, d'autant qu'une mère est
plus à favoriser que sa fille, mais parce que sans
l'Université l'Église ne serait rien; c'est-à-dire que,
sans les gens de bonnes lettres, de bon savoir et de
vertu qui viennent de l'Université, l'Église ne pourrait subsister. » Dès le 9 juillet, le parlement rendit
plusieurs arrêts. Il défendit d'abord par provision
tant aux recteurs qu'aux écoliers de mettre le pied
au Pré-aux-Clercs, sous peine de la potence. Puis il
nomma deux commissaires, Martin Ruzé et Jacques
Leroux, pour informer sur les excès commis les jours
précédents; mais en même temps il ordonna de rendre à l'Université les écoliers prisonniers, sauf les
vrais coupables, qu'il remit à la justice du prévôt de
Paris; il contraignit enfin les religieux de Saint-Germain à faire plusieurs concessions relativement au
Pré-aux-Clercs, notamment à boucher les fenêtres
qu'ils avaient de ce côté, à fermer la porte de leur
abbaye ouvrant sur le Pré, et à supporter tous les
frais du procès. Cet arrêt devait satisfaire l'Université; l'année suivante, les commissaires du parlement
s'occupèrent de déterminer les droits des parties à
la propriété du terrain en litige, et les bénédictins
Félibien et Lobineau [1] racontent avec douleur que sur
leur rapport « l'abbaye de Saint-Germain perdit plus
de cinquante arpents de son ancien clos. »

[1] Félibien, II, 1027.

Cependant, pour prévenir de semblables désordres, les magistrats ordonnèrent une surveillance active à l'égard des écoliers. On renouvela les règlements déjà rendus au sujet du *Landit*. Le parlement prohiba, sous peine de la hart, pour tous les écoliers, port « d'espées, bastons longs, pistolets à feu, chemises de mailles, ou autres armes. » Il ordonna au lieutenant criminel et aux principaux de visiter plusieurs fois la semaine les maisons où logeaient les écoliers, et d'informer contre ceux qui auraient des armes dans leurs chambres et ceux qui leur donnaient retraite; ceux-ci devaient, à l'arrivée des écoliers dans leur maison, prendre les armes qu'ils avaient, et ne les leur rendre que quand ils quitteraient la ville pour retourner chez eux. Il fut défendu aux écoliers de porter des chapeaux bas, des ceintures et des chausses de couleur et déchiquetées, à peine d'être déchus de leurs priviléges. Afin que les principaux et régents fussent plus facilement reconnus, ils durent porter en tout temps des robes longues, sans manches coupées, et avoir leurs chaperons sur l'épaule. Il fut ordonné « aux escrimeurs et maistres en fait d'armes » de quitter les faubourgs où les écoliers allaient prendre des leçons à la dérobée et de se retirer dans la ville « en lieux connus où les escoliers n'oseront se glisser. » Les cabaretiers n'en purent plus recevoir chez eux, passé sept heures du soir en hiver et huit heures en été. Il fut interdit à tous les garçons chirurgiens de demeurer ailleurs que chez des maîtres, « parce que les escolliers querelleurs,

» blessés dans leurs courses de nuit, alloient se faire
» panser chez ces garçons en des lieux escartés; def-
» fendu pareillement à tous les garçons de mettre le
» premier ou second appareil sans y appeler les
» maistres du voisinage, qui en feront leur rapport
» aux commissaires et à la police. Ordre aux femmes
» publiques, et à celles qui font métier de les pro-
» duire, de vuider incessamment la ville et les fau-
» bourgs, à peine du fouet et de la prison. » Enfin
les commissaires du Châtelet devaient faire de fré-
quentes visites chez les écoliers, et adresser tous les
jeudis leurs rapports à la police.

Ces précautions ne prévinrent point de nouveaux
troubles. Le 12 mai 1557, un crime, dont on ignore
la cause précise et l'auteur, ramena, et plus graves
que jamais, les sanglantes collisions du Pré-aux-
Clercs. Le 12 mai, vers le soir, plusieurs groupes
de promeneurs, composés surtout d'étudiants, parcouraient le Pré, lorsque plusieurs coups de fusil
furent tirés des maisons qui, dans la dernière émeute,
avaient été envahies par les jeunes gens de l'Université.
Un écolier gentilhomme breton et un avocat du parlement furent tués, et plusieurs étudiants grièvement
blessés. Sur la première plainte d'un pareil attentat, on
arrêta Jean Bailli ou Baillet, procureur au Châtelet,
propriétaire de la maison d'où les coups de feu étaient
partis; mais on le relâcha presque aussitôt. Les étudiants, indignés de cette partialité et transportés de
fureur, se jetèrent sur l'habitation de Bailli et sur
celles de ses voisins : trois maisons furent saccagées

et livrées aux flammes ; et, malgré les efforts de l'autorité, ces violences continuèrent les jours suivants. Le 17, le parlement fut obligé d'user de rigueur ; il fit occuper le Pré-aux-Clercs par quarante archers et arquebusiers de la ville, commandés par le lieutenant criminel, avec défense à tous autres, quels qu'ils fussent d'y mettre le pied. Il enjoignit en même temps au prévôt de Paris et à ses lieutenants d'opérer la saisie de toutes les armes qu'ils trouveraient entre les mains des écoliers ; enfin, pour effrayer les perturbateurs par un exemple sévère, il confirma la sentence de mort portée par le prévôt de Paris contre un des chefs de la sédition, nommé Baptiste Coquastre ou Crocoezon, étudiant, né à Amiens, et âgé de vingt-deux ans. La sentence fut exécutée le jour même : le coupable fut pendu à une potence dressée exprès au milieu du Pré-aux-Clercs, et son corps livré aux flammes. Quelques-uns de ses camarades recueillirent ce qu'ils purent de ses ossements, et les allèrent inhumer près de là, dans la chapelle de Saint-Père, devenue depuis l'église de la Charité. Dès le soir même de l'exécution, les étudiants, exaspérés, affichèrent des placards menaçants aux portes et dans les carrefours de la ville, abattirent la barrière des Sergents près la Croix des Carmes, maltraitèrent les officiers de justice et tuèrent un de ceux qui venaient leur signifier les ordres du parlement. L'exécution de ces ordres rigoureux était difficile ; la voix des maîtres n'avait plus d'empire sur la jeunesse, que plusieurs grands seigneurs soutenaient et encourageaient secrétement. Le 21 mai, le lieutenant criminel et le lieutenant civil se présentèrent avec leurs gens pour faire exécuter les ordres du parlement : les désordres continuèrent. La rue de La Harpe, vers les colléges de Bayeux et de Narbonne, devint un champ de bataille ; des hommes à cheval, armés de toutes pièces, envoyés, dit-on, par un prince du sang, le duc d'Enghien, et parmi lesquels se trouvait un seigneur illustre, le comte de Caiman, prirent la défense des écoliers, et les suppôts de la justice furent obligés de s'enfuir après avoir perdu une partie de leur escorte. Le même jour, le parlement, qui craignait que l'affaire ne prît un caractère de plus en plus grave, ordonna de nouveau au recteur de l'Université et aux principaux des colléges, de faire tous leurs efforts pour rétablir le bon ordre ; et en même temps, le président Gilles Lemaître leur promit avec douceur qu'il serait procédé au procès du commissaire Bailli et des auteurs de la mort de l'écolier breton. Le roi était alors en Picardie ; il écrivit à l'Université plusieurs lettres foudroyantes. Le 25 mai, il annonça qu'il allait faire occuper le quartier de l'Université par dix compagnies de fantassins et deux cents hommes d'armes ; il confisqua le Pré-aux-Clercs, avec défense à toute personne de l'Université d'y mettre le pied, et il ordonna à tous les écoliers de se mettre en pension dans les colléges fermés, ou de vider la ville et les faubourgs, sauf les étudiants étrangers appartenant aux pays alors en guerre avec la France, auxquels il fut enjoint de sortir du royaume

dans la quinzaine, sous peine d'être déclarés prisonniers de guerre. Enfin, Henri II menaçait l'Université de lui enlever tous ses priviléges, et de lui infliger
une punition qui serait de *perdurable mémoire*. L'U-
niversité, effrayée, envoya vers le roi, à La Fère, une
députation à la tête de laquelle était Jean de Sali-
gnac. Ces émissaires reçurent un accueil assez favorable, et obtinrent du roi la révocation des ordonnances rendues pendant les troubles, et l'annulation
de toutes les procédures commencées à leur occasion
contre les membres du corps enseignant. Le parlement se montra moins facile; il refusa d'abord d'enregistrer cet ordre royal, et il fallut des injonctions
réitérées pour l'y contraindre[1].

Peu à peu le calme se rétablit; mais, comme dans
toutes les agitations populaires comprimées par la
force, ce ne fut pas sans quelques manifestations de
résistance. Le 11 juin, il se passa un incident qui
prouve que, dans ces tristes séditions, les étudiants
n'étaient pas toujours les plus coupables. Le 11 juin,
jour de saint Barnabé, comme on revenait de la procession de l'Université à Sainte-Geneviève, on apprit que
plusieurs maisons voisines du Pré-aux-Clercs avaient
encore été forcées, et qu'elles avaient été le théâtre
de grandes violences. Cette fois l'Université, qui s'é-
tait réconciliée avec le roi, l'en informa elle-même en
ces termes : « Sire, à grande peine pourrez-vous

---

[1] M. Dubarle, II, 61 et suiv. — Félibien, II, 1053 et suiv.
—Dubreuil, p. 586 et suiv.

croire combien de joie et de consolation a reçu votre très-humble et très obéissante fille et servante apprenant par ceux qu'elle avoit envoyez devers Votre Majesté la bonté et clémence, dont vous a plu user en son endroit, et le souverain remède que vous a plu donner à ses maux. Sire, nous en avons, par procession publique, rendu grâce à Dieu, le roy des roys, et à vous le meilleur de tous, et encore rendons par la présente; par laquelle, en outre, vous supplions d'entendre que, au retour de notre procession, avertis que quelques méchants, sous le nom et titre d'escoliers, faisoient encore quelques démolitions, nous y sommes allés, et nous-mêmes en avons fait prendre huit, dont sept se sont trouvés artisans, et le huitième se dit escolier du collége d'Autun. L'avons fait mener audit collége, et trouvé qu'il en étoit cuisinier. Si lui avons fait *donner la sale* (le fouet), de sorte qu'il peut avoir perdu l'envie d'y retourner. Ce que, Sire, nous vous escrivons pour témoignage de la diligence que nous avons faite et espérons faire, pour toujours tenir les nôtres en leur devoir et en la paix et tranquillité comme les études le désirent, et comme l'obéissance que nous avons rendue le requiert. »

Ainsi finit cette affaire, qui atteste la décadence de l'importance politique de l'Université. Autrefois, dit Saint-Foix, pour se faire rendre justice, c'était elle-même qui interrompait ses leçons et les prédications de ses théologiens; ici, c'est par forme de punition que l'on impose silence à ses professeurs. Ce changement, arrivé dans son pouvoir, montre le caractère et l'esprit des différents siècles [1].

La guerre civile, qui troubla le royaume sous les successeurs de François Ier, nuisit singulièrement au progrès des études. En vain quelques hommes d'intelligence et de progrès réclamèrent des réformes nécessaires dans l'Université (entre autres occasions aux états généraux de 1560), le bruit des armes vint étouffer leur voix. Le corps enseignant ne portait son attention que sur ces fatales questions religieuses qui préoccupaient alors les esprits; il se montra toujours rigoureusement sévère à l'égard des protestants, et refusa d'exécuter l'édit du 11 août 1570, qui accordait à tous les partis la liberté de conscience, et qui, par article spécial, stipulait la réception aux écoles, sans nulle distinction de tous ceux qui se présenteraient. Quelques religionnaires faisaient cependant partie de l'Université; ils périrent dans l'affreuse nuit du 24 août 1572. Le plus illustre était un homme dont j'ai déjà parlé, et qui mérite quelque attention.

Pierre Ramus était né vers 1502, d'une famille de Picardie. Son père, trop pauvre pour lui faire donner une éducation, l'employait à garder les troupeaux; mais tourmenté du désir d'apprendre, l'enfant s'enfuit deux fois pour venir étudier à Paris, et deux fois la misère le contraignit de retourner dans la maison paternelle. Un de ses oncles se chargea enfin de payer pendant quelque temps sa pension dans

---

[1] *Essais hist.*, III, 339.

un collége, et afin de pouvoir continuer ses études,
Ramus entra en qualité de domestique au collége de
Navarre, dont il devint bientôt l'élève le plus distingué. Homme d'avenir, ennemi juré de la routine, il
débuta dans la carrière universitaire par une violente
attaque contre le dieu des écoles, Aristote. Ramus
comprit qu'il était ridicule d'accepter sans discussion,
au seizième siècle, les préceptes du philosophe grec, il
trouva que *le maître l'a dit* était une réponse très-facile
et fort agréable aux esprits médiocres et routiniers. Il
résolut donc de renverser cette idole. Lorsqu'il se présenta à l'examen pour obtenir le grade de maître ès-
arts, il prit pour sujet de sa thèse le développement de
cette proposition : « Tout ce qu'Aristote a dit est
faux. » A la grande indignation des docteurs, Ramus
soutint cette thèse, du reste fort paradoxale, et combattit victorieusement ses adversaires. L'alarme fut
grande dans l'Université ; l'imprudent novateur ayant
osé défendre son opinion par ses écrits, il fut accusé
devant le conseil du roi et le parlement, et l'on ne parlait rien moins que de l'envoyer aux galères. François Ier fit défendre à Ramus d'écrire ou de parler
contre la doctrine d'Aristote, et lui ordonna de ne plus
s'occuper de philosophie. L'année suivante (1545),
Ramus fut cependant invité à donner des leçons de
rhétorique au collége de Presles, dont il devint bientôt principal, malgré l'opposition de la Sorbonne. Le
cardinal de Lorraine, qui le protégeait, obtint même
de Henri II, dès 1547, l'annulation de l'arrêt qui lui
défendait d'enseigner la philosophie, et, en 1551,

Pierre Ramus fut nommé professeur de philosophie et d'éloquence au collége de France.

Vers cette époque un grand trouble s'éleva dans l'Université pour une cause fort singulière. Il s'agissait de savoir comment il fallait prononcer la lettre Q dans les mots latins commençant par cette lettre. L'ancien usage de l'Université était de lui donner le son du K; de sorte que *quisquis, quamquam,* se prononçaient *kiskis, kamkam.* Le célèbre Erasme venait de faire dans la langue grecque de semblables réformes de prononciation, dont le bruit agitait encore le monde savant. Ramus, toujours novateur, attaqua comme illogiques le *kiskis* et le *kamkam*; les professeurs du collége de France se joignirent à lui; mais tous les partisans d'Aristote se soulevèrent. Un ecclésiastique, ayant été privé de ses revenus pour avoir embrassé cette réforme, se pourvut contre ce décret, et le parlement fut saisi de l'affaire, et appelé ainsi à juger en dernier ressort de la prononciation de la lettre litigieuse. Tout le monde se récria contre le ridicule de ce procès; et quoiqu'à ce propos la Sorbonne accusât Ramus d'hérésie, le parlement déclara tout simplement que chacun prononcerait comme il voudrait. Le calme fut rétabli, mais cette affaire laissa des traces dans les esprits; c'est depuis lors, dit un historien moderne, que les discussions méticuleuses et le verbiage de la médisance furent appelés des *cancans.*

Pierre Ramus devint en peu de temps l'une des gloires de l'Université de Paris, et jusqu'au dernier

moment de sa vie, il lutta avec courage contre la
médiocrité et l'envie. Les persécutions ne lui man-
quèrent pas. Ayant eu l'imprudence d'avouer hautement son penchant pour la réforme, il fut obligé
de s'enfuir à Fontainebleau, auprès de Charles IX ;
sa maison fut envahie et mise au pillage, et la riche
bibliothèque qu'il s'était formée fut détruite. Cependant il revint à Paris en 1563, et reprit possession de sa chaire au collége royal. Doyen de cette
admirable institution, Ramus y exerça une surveillance sévère, et se montra inexorable envers les
intrigants et les gens sans mérite, qui déshonoraient
le corps universitaire. Un certain Jean Dampestre
avait eu le crédit de se faire nommer, en 1565,
professeur de mathématiques au collége royal, et
il savait à peine les premiers éléments de la science
qu'il se chargeait d'enseigner. L'illustre doyen l'accusa publiquement d'ignorance et d'incapacité, le
traduisit au parlement et obtint une ordonnance
qui régla que Dampestre et tous les autres professeurs se présenteraient désormais pour être admis
au collége royal, et seraient examinés solennellement par leurs collègues. Quelques mois plus tard,
sur son rapport, le roi décida que toutes les fois
qu'une chaire du collége royal serait vacante, la nouvelle en serait publiée dans toutes les grandes universités de l'Europe, pour augmenter les difficultés du
concours. Dampestre, honteux et confus, se retira, et
vendit sa chaire à un nommé Charpentier, homme
aussi médiocre que lui. La lutte s'engagea entre cet

intrigant et Pierre Ramus, et elle durait encore lorsqu'arriva la saint Barthélemi. En entendant le son
du tocsin, le bruit des armes et les cris d'alarme de
ses co-réligionnaires, le doyen du collége royal, qui
avait conservé ses fonctions de principal du collége
de Presle, se cacha dans une des caves de cet établissement, situé rue Saint-Jean-de-Beauvais ; mais
Charpentier, accompagné de quelques égorgeurs,
vint l'arracher de son asile, exigea de lui une rançon
pour le rachat de ses jours, et, après l'avoir reçue, il
le livra au poignard de ses satellites. On jeta son cada-
vre tout nu dans la cour du collége de Presle, ses
entrailles furent arrachées et livrées aux animaux ;
et les écoliers, dit-on, excités par la rage féroce de
leurs maîtres, traînèrent son corps dans la boue des
rues. En apprenant ces horribles détails, un autre
professeur du collége de France, Denis Lambin,
expira de frayeur.

Du reste, l'Université ne se mêla point aux évé-
nements politiques de cette sanglante époque ; la faculté de théologie rédigea seulement une formule
d'abjuration que l'on faisait répéter aux huguenots
prisonniers ; ce fut toute la part que le corps universitaire prit à ce triste épisode [1].

Il joue malheureusement un rôle dans les troubles qui signalèrent le règne déplorable d'Henri III.
Ce prince avait protégé l'Université à son avénement
au trône, et il avait créé au collége royal trois

[1] M. Dubarle, II, 114.

chaires nouvelles pour la théologie, la chirurgie et la
langue arabe. Mais il osa porter atteinte aux priviléges de la compagnie, entre autres à celui qu'elle
possédait depuis si longtemps d'entretenir des *messageries*. Je trouve à ce sujet de curieux renseigne-
ments dans un ouvrage publié vers la fin du siècle
dernier. « Dès l'origine de son institution, l'Université
avait établi des messagers, qui se chargeaient de
conduire à la capitale du royaume les jeunes gens
de province qui venaient y étudier. Ces messagers
servaient à entretenir des rapports réguliers entre les
étudiants et leurs familles. Comme le public vit qu'ils
s'acquittaient très-fidèlement de leurs fonctions, attendu qu'ils étaient responsables de leur conduite au
recteur et aux procureurs des nations, il prit confiance en eux, et se servit de cette commodité pour
faire porter ses hardes, ses paquets et ses lettres ;
ainsi les messagers de l'Université devinrent insen-
siblement ceux de l'État. Ils jouissaient de priviléges
considérables, entre autres de l'exemption du péage
dû au roi et aux seigneurs sur les fiefs desquels ils
passaient ; c'est ce qu'on apprend par les lettres de
Philippe-le-Bel de l'an 1312, et par une charte de
Louis Hutin du 2 juillet 1315, où ils rapportent celles
des rois leurs prédécesseurs. En vain plusieurs particuliers voulurent dans la suite s'immiscer dans cette
espèce de ministère public, l'Université s'y opposa
toujours et obtint des arrêts, tant du conseil de nos
rois que du parlement de Paris, qui réprimèrent ces
entreprises, et maintinrent ces messagers dans l'exer-

cice de leurs fonctions, à l'exclusion de tous autres.
Les choses subsistèrent en cet état jusqu'en 1576,
que le roi Henri III jugea à propos d'établir des messagers royaux dans les villes et les lieux où il y a des
siéges ressortissants des cours des aides et de parlement, et il leur accorda les mêmes droits et priviléges dont jouissaient les messagers de l'Université.
Celle-ci eut le crédit de faire retarder l'enregistrement
de cet édit jusqu'en 1579, et d'y faire ajouter la
clause que ces messagers royaux ne pourraient porter seulement que les sacs et papiers de justice. Les
messagers de l'Université restèrent donc seuls en
droit de conduire les personnes et de porter les hardes, paquets et lettres du public : cela dura jusqu'en
1632, que Louis XIII permit, par une déclaration,
que les courriers de sa Majesté pussent joindre à ses
dépêches les lettres des particuliers, mais seulement
deux fois la semaine, savoir le mardi et le vendredi.
Les maîtres de ces courriers abusèrent bientôt de
cette permission, et entreprirent de faire porter les
lettres du public chaque jour de la semaine, mais
l'Université s'y opposant obtint, les 14 décembre
1641, 29 mars 1642, 19 novembre 1644 et 5 octobre 1647, les arrêts du conseil d'État, rendus con-
tradictoirement, par lesquls il fut permis à ses messagers de partir tous les jours, notamment de Paris
à Rouen, et de porter toutes les lettres et autres
choses qui leur seraient confiées, avec défense aux
maîtres des courriers de les porter d'autres jours que
les mardis et vendredis. Le recteur confère ces char-

ges, dont la finance est de six cents livres. Les messagers sont exempts de tutelle, curatelle, et jouissent des privilèges et immunités de l'Université ; ils sont appelés aux processions du recteur, et ils ont leur salle d'assemblée au collége de Louis-le-Grand. Ces offices viennent de perdre leurs priviléges cette année 1778 [1]. »

Il fut donc facile aux ligueurs d'entraîner dans leur parti l'illustre compagnie. Les docteurs de Sorbonne, dont l'audace avait dû être réprimée plusieurs fois par le parlement [2], se montrèrent pour la plupart de furieux démagogues, et dès l'année 1584, iis faisaient soutenir, dans des thèses publiques, *qu'il est permis de tuer un roi qui abuse de son autorité.* A leur tête était le fameux Jean Boucher, curé de Saint-Benoît, que ses violences et la difformité de son visage, auquel il manquait un œil, avaient fait surnommer *le Polyphéme de la Sorbonne* [3]. « En ce temps, dit Lestoile, dans son curieux *Journal du règne de Henri III*, le duc de Guise fut voir messieurs de la Sorbonne, et leur demanda s'ils estoient assez forts avec la plume, sinon qu'il le falloit estre avec l'épée. » C'était vers la fin de l'année 1584. Les docteurs attendirent que la révolte fût mieux organisée, et le 16 décembre 1587, ils décrétèrent dans une assemblée secrète « qu'on pouvait ôter le gouvernement

---

[1] *Dict. hist. de Paris,* par Hurtaut et Magny, IV, 753.

[2] Un arrêt du 16 décembre 1559 leur défend de prêcher, sans avoir obtenu la permission de l'évêque métropolitain.

[3] *Hist. de la Sorbonne,* par l'abbé Duvernet, I, 298.

aux princes qu'on ne trouvait pas tels qu'il fallait,
comme l'administration à un tuteur devenu suspect.»
Henri III, prévenu de ce nouvel acte d'insolence,
manda au Louvre le parlement et la Sorbonne, et
adressa à la faculté les plus vifs reproches : « Vous
ne pouvez nier, dit-il, que vous ne soyez notoire-
ment malheureux et damnés ; premièrement pour
avoir publiquement et dans la chaire de vérité avancé
plusieurs calomnies contre moi, qui suis votre légitime souverain ; secondement, pour ce que sortant
de chaire, après avoir bien menti et médit, vous allez
droit à l'autel dire la messe, sans vous réconcilier ni
confesser, contre ce qui est dit dans l'Évangile et ce
que vous enseignez vous-mêmes aux autres. Je sais,
ajouta-t-il, vostre belle résolution de Sorbonne du 16
de ce mois, à laquelle j'ai été prié de n'avoir égard,
pour ce qu'elle avoit été faite après déjeuner. Je ne
veux pas me venger de ces outrages, comme j'en ai
la puissance et comme a fait le pape Sixte-Quint,
qui a envoyé aux galères certains prédicateurs cordeliers pour avoir osé médire de lui dans leurs sermons. Il n'y a pas un de vous qui n'en mérite autant
et davantage, mais je veux bien oublier et pardonner,
à la charge de n'y plus retourner ; autrement, je
prie ma cour de parlement d'en faire une sévère justice [1]. »

Au milieu du désordre qui régnait alors dans toute
la France, de semblables menaces étaient puériles.

[1] Félibien, II, 1165.

La Sorbonne, certaine de l'impunité, redoubla d'audace et entraîna avec elle les autres facultés. Dans la célèbre *journée des barricades* (12 mai 1588), qui vit pour la première fois un roi de France fuyant devant ses sujets révoltés, les écoliers ne furent point les derniers à prendre les armes [1]. Enfin, le 7 janvier 1589, les docteurs déclarèrent solennellement Henri III déchu de ses droits à la couronne. « Et ainsi, dit Lestoile, trente ou quarante pédants, maîtres-ès-arts crottés, qui, après *les grâces*, traitent des sceptres et des couronnes, comme porte-enseignes et trompettes de la sédition, déclarèrent tous les sujets de ce royaume absous du serment de fidélité et obéissance qu'ils avaient juré à Henri de Valois, naguère leur roi, et rayèrent son nom des prières de l'Église. » Ils excitèrent si bien le fanatisme du peuple, que, quelques mois après, Jacques Clément assassinait Henri III à Saint-Cloud. Le meurtrier fut honoré comme un saint, sa victime accablée d'outrages, et la Sorbonne poursuivit avec une nouvelle fureur le successeur de Henri III, *le bon Béarnais*. Elle décréta, le 10 février 1590, en présence du légat du saint-siége,

---

[1] Les écoliers poursuivaient sans cesse de leurs railleries Henri III et ses *mignons*. Un jour que le roi se promenait à la foire Saint-Germain, quelques-uns de ces mauvais garnements s'affublèrent de collerettes en papier, en parodie des *fraises* à l'espagnole que portaient le prince et ses courtisans. Ils parcoururent la foire en criant : *à la fraise on reconnaît le veau*. Henri se contenta d'en faire emprisonner deux ou trois, pendant quelques jours.

« que quiconque soutiendrait que Henri de Bourbon
pouvait être honoré du titre de roi, devait être regardé comme pernicieux à l'Église de Dieu, parjure
et désobéissant à sa mère, et que, s'il était de son
corps, elle l'en retranchait comme un membre
pourri. » Cette déclaration fut bientôt suivie d'autres non moins violentes, qui augmentaient le désordre. La plupart des docteurs, entraînés par une
haine inexplicable contre Henri IV, ou gagnés par
les *doublons* d'Espagne, voulaient livrer la France à
l'étranger. Dès le mois de septembre 1591, ils avaient
écrit au roi d'Espagne, par l'entremise du père Mathieu, jésuite, pour l'engager à donner sa fille en mariage au jeune duc de Guise, prince, disaient-ils,
plein d'esprit, prompt et gaillard, courageux et vaillant.
Ils espéraient triompher à force d'intrigues [1], lorsque
la conversion de Henri IV vint déjouer tous leurs
projets. Les théologiens ne perdirent point cependant
courage, et le proviseur de la Sorbonne, le cardinal
Pellevé, fit rendre un décret portant que l'abjuration
de Henri était dissimulée, et qu'on devait refuser de
reconnaître Henri IV pour roi de France, quand
même le pape lui donnerait son consentement. Mais
ces fureurs ne trouvaient plus de complices dans le

---

[1] On lit dans un écrit du temps :

> Les docteurs de feinte union
> Pensent, par leur doctrine folle,
> Du manteau de religion
> Faire une cape à l'espagnole.

peuple , fatigué de la guerre civile ; les bons citoyens
s'étaient ralliés ; la *satire Ménippée* poursuivait les
ligueurs de ses mordantes plaisanteries , et tuait par
le ridicule ce misérable parti ; et lorsque Pellevé osa
prêcher de nouveau le régicide, on lui répondit par
un pamphlet intitulé : *Démonologie de la Sorbonne.*
« Peuples, disait l'écrivain royaliste, que le beau et
spécieux nom de Sorbonne ne vous offusque plus les
yeux. Elle n'est plus comme autrefois la perle du
monde ; c'est une boutique de toutes méchance-
tés ; le réceptacle des meurtriers et des larrons ; le
tombeau des lois divines et humaines [1]. » Les ligueurs
n'avaient plus d'espoir que dans un nouveau Jacques
Clément , lorsque les royalistes ouvrirent les portes
de Paris à Henri IV (mars 1594).

Ce grand événement, si heureux pour le royaume,
ne le fut pas moins pour l'Université. La situation
des écoles était déplorable. En voici le tableau tracé
par les spirituels auteurs de la *satire Ménippée.* C'est
un extrait de la harangue qu'ils font prononcer à
M. le recteur Roze , grand maître du collége de Navarre et évêque de Senlis , aux états généraux tenus
à Paris en 1593, par les chefs de la ligue, en présence du duc de Mayenne , lieutenant général du
royaume [2].

---

[1] Duvernet, II, 121.

[2] J'emprunte le texte et les notes explicatives à l'excellente édition de la *satire Ménippée*, publiée en 1824, par M. Charles
Nodier, 2 vol. grand in-8°.

« Sommairement, vous diray, messieurs, que la fille aisnée du roy, je ne dy pas du roy de Navarre, mais du roy que nous eslirons icy, si Dieu plaist, et en attendant je diray la fille aisnée de monsieur le lieutenant de l'estat et couronne de France, l'Université de Paris, vous remonstre en toute observance, que depuis ses cunabules et primordes [1], elle n'a point esté si bien morigenée, si modeste et si paisible qu'elle est maintenant, par la grace et faveur de vous autres, messieurs. Car au lieu que nous soulions [2] voir tant de fripons, friponniers, juppins [3], galoches [4], marmitons, et autres sortes de gens malfaisants, courir le pavé, hanter les bordeaux, tirer la laine [5], et quereler les rostisseurs du Petit-Pont, vous ne voyez plus personne de telles gens par les colléges : tous les supposts des facultez et nations qui tumultuoyent pour les brigues de licences ne paroissent plus : on ne joue plus de ces jeux scandaleux et satyres mordantes aux eschaffauts des colléges, et y

[1] *Son berceau et ses commencements.* Il convenait au recteur de l'Université d'étaler ce faste d'érudition scolastique, et de montrer qu'il ne tenait qu'à lui de s'exprimer en latin.

[2] *Nous avions coutume :* du mot latin *solere.*

[3] Imitation de Rabelais, qui emploie ce terme pour signifier *qui hante les mauvais lieux*, par allusion au nom d'un vêtement de femme.

[4] Nom que l'on donnait aux externes, parce que la plupart d'entre eux portaient de gros souliers à semelle de bois, appelés *galoches.*

[5] Terme de l'époque, qui signifie : *voler les manteaux.*

voyez une belle réformation, s'estant tous ces jeunes
regents retirez, qui vouloyent monstrer à l'envy
qu'ils savoyent plus de grec et de latin que les autres.
Ces factions de maistres-ès-arts, où l'on se battait à
coups de bourlet et de chaperon, sont cessées; tous ces
escholiers de bonne maison, grands et petits ont faict
gille [4] : les imprimeurs, libraires, relieurs, doreurs et
autres gens de papier et parchemin, au mombre de plus
de trente mille, ont charitablement fendu le vent en
cent quartiers [1] pour en vivre, et en ont encore laissé
suffisamment pour ceux qui ont demeuré après eux.
Les professeurs publics, qui estoient tous royaux et
politiques, ne nous viennent plus rompre la teste de
leurs harangues et de leurs congrégations aux Trois
evesques (au collége royal); ils se sont mis à faire
l'alquemie (l'alchimie) chacun chez soy : bref, tout
est coy et paisible, et vous diray bien plus : jadis du
temps des politiques et heretiques Ramus, Galan-
dius et Turnebus, nul ne faisoit profession des lettres qu'il n'eust de longue main et à grands fraiz es-
tudié, et acquis des arts et sciences en nos colléges,
et passé par tous les degrez de la discipline scholas-
tique. Mais maintenant par le moyen de vous autres,
messieurs, et la vertu de la saincte union, et principalement par vos coups du ciel, monsieur le lieu-

---

[1] Mot proverbial pour dire : *s'enfuir.* Il fait probablement
allusion à la poltronnerie d'un personnage obligé de l'ancienne
comédie populaire.

[2] *Fendre le vent en cent quartiers pour en vivre*, c'est être
réduit à la dernière extrémité et manquer de toutes ressources.

tenant, les beurriers et beurrieres de Vanves (Van-
vres), les ruffiens [1] de Montrouge et de Vaugirard,
les vignerons de Saint-Cloud, les carreleurs de Ville-
juifve et autres cantons catholiques, sont devenus
maistres-ès-arts, bacheliers, principaux, présidents
et boursiers des colléges, régents des classes, et si ar-
guts philosophes, que mieux que Ciceron maintenant ils disputent *de inventione,* et apprennent tous
les jours, *aftodidactos* [2], sans autre précepteur que
vous, monsieur le lieutenant, apprennent, dis-je, à
décliner, et mourir de faim *per regulas.* Aussi n'oyez-
vous plus aux classes ce clabaudement latin des régents qui obtondoyent (assourdissaient) les aureilles
de tout le monde : au lieu de ce jargon, vous y oyez
à toute heure du jour l'harmonie argentine et le vray
idiome des vaches et veaux de laict, et le doux rossi-
gnolement des asnes et des truyes qui nous servent
de cloches, *pro primo, secundo et tertio :* nous avons
désiré autrefois sçavoir les langues hebraïque, grecque, et latine : mais nous aurions à present plus de
besoin de langue de bœuf salée, qui seroit un bon
commentaire après le bain d'avoyne : mais le Mans
et Laval, et ces infaillibles voitures d'Angers, avec
leurs chapons de haute graisse et gelinotes, nous ont
failly, comme les langues, et n'avons plus qu'un
amer souvenir de ces messagers académiques qui
descendoyent à *l'Arbaleste,* et autres fameuses hos-

---

[1] *Ruffiens* est un mot d'origine italienne. Il paraît que Montrouge et Vaugirard étaient alors des endroits de débauche.

[2] *Sans autre enseignement, sans autre maître que la nature.*

telleries de la rue de la Harpe, à jour et poinct
nommé, au grand contentement des escholiers atten-
dants, et de leurs régents friponniers [1]. Vous estes
cause de tout cela, monsieur le lieutenant, et tous
ces miracles sont œuvres de vos mains : il est vray
que nos prédications et décrets n'y ont pas nui. Mais
tant y a que vous en estes le principal motif et instru-
ment, et pour vous dire en un mot, vous nous avez
perduz et esperduz. Excusez-moi, si je parle ainsi. Je
vous dirai avec le prophète David : *Loquebar in con-
spectu regum, et non confundebar :* vous avez, *inquam*,
si inquiné (souillé), et diffamé ceste belle fille aisnée,
ceste pudique vierge, ceste fleurissante pucelle,
perle unique du monde, diamant de la France, es-
carboucle du royaume, et une des fleurs de lys de
Paris, la plus blanche, que les Universitez estran-
geres en font des sornettes grecques et latines, *et
versa est in opprobrium gentium.* »

Claude d'Aubray, dans la magnifique harangue
que lui prêtent les auteurs de la *satire Ménippée*, dé-
plore également le sort de *l'Université devenue sauvage.*
« Où est, dit-il, l'honneur de notre Université? où
sont les colléges? où sont les escholiers? où sont les
leçons publiques, où l'on accouroit de toutes les
parts du monde? où sont les religieux estudiants aux
couvents? Ils ont pris les armes, les voilà tous soldats débauchés. » Il appartenait au bon Henri de
mettre fin à ces désordres et de rendre à l'Université
de Paris le calme et la prospérité.

---

[1] Diminutif de *fripons,* déjà employé précédemment.

CHAPITRE VII

Depuis l'entrée de Henri IV dans Paris jusqu'à la mort de Louis XIV.
(1594-1715).

Le 2 avril 1594, l'Université se rendit en corps auprès de Henri IV, pour le complimenter. « Le roi, dit Lestoile, lui fit fort bon visage, appela ses membres *messieurs nos maîtres,* leur dit qu'il vouloit tout oublier, et qu'il aimeroit et honoreroit toujours singulièrement leurs corps et facultés ; de quoi messieurs nos maîtres s'en allèrent fort contents, disant autant de bien de sa Majesté, que peu auparavant ils en avoient dit de mal. » Il sévit seulement contre certains membres du corps enseignant, qui avaient joué un grand rôle dans les troubles de la ligue. Le docteur Pelletier fut condamné à être rompu vif, Rose fut renvoyé dans son diocèse de Senlis, d'autres furent exilés. Quant au proviseur de la Sorbonne, le cardinal Pellevé, il mourut de rage et de frayeur, le jour même de l'entrée du roi. Ces esprits turbulents ne cédèrent point de bonne grâce ; mais le parlement les obligea à garder le silence. Rose, étant revenu à Paris pour répandre un nouveau libelle, fut condamné à faire amende honorable dans la grande salle du pa-

lais de justice, et banni de Senlis pour un an, avec
défense de prêcher pendant son exil. Un bachelier,
nommé Jacob, ayant annoncé qu'il soutiendrait la
prééminence du pape sur les rois, maximes ultramontaines qui avaient toujours trouvé dans la faculté
de nombreux défenseurs, fut arrêté, ainsi que le docteur qui devait présider à cette thèse publique. Tous
deux firent amende honorable, à genoux et la tête
nue, et le même jour, 19 juillet 1595, un arrêt du
parlement défendit de soutenir de semblables doctrines, sous peine d'être puni comme criminel de
lèse-majesté. Ces exemples effrayèrent les séditieux,
et l'ordre fut rétabli dans l'Université.

La compagnie, qui s'occupait à réparer le mal causé
par la guerre civile et qui recouvrait peu à peu son
ancienne splendeur, ne tarda pas à renouveler sa lutte
avec les jésuites, ses éternels ennemis. Dès l'année 1554,
lorsque, suivant l'expression pittoresque de Pasquier,
les jésuites *commencèrent à lever les cornes*, les docteurs
de Sorbonne avaient déclaré, dans une assemblée générale, « que cette nouvelle société, qui s'attribuoit
le nom de Jésus, recevoit sans nul choix toutes sortes
de gens, quelque crime qu'ils eussent commis, et
quelque infàmes qu'ils fussent ; qu'elle ne différoit en
rien des prestres séculiers, puisqu'elle n'avoit ni l'habit, ni le chœur, ni le silence, ni les jeûnes, ni toutes
les autres observances qui distinguoient et qui main-
ténoient l'estat religieux ; qu'elle sembloit violer la
modestie de la profession monastique par tant d'im-
munitez et de libertez qu'elle avoit dans ses fonctions,

surtout dans l'administration des sacrements de pé-
nitence et d'eucharistie, sans nulle distinction de
lieux ni de personnes, dans le ministère de la parole
de Dieu et dans l'instruction de la jeunesse, au préjudice de l'ordre hiérarchique, contre les priviléges
des Universités, et à la grande charge du peuple;
qu'elle énervoit le saint usage des vertus, des péni-
tences et des cérémonies de l'Église; qu'elle refusoit
aux ordinaires l'obéissance qui leur estoit duë; qu'elle
privoit les seigneurs de leurs droits; qu'elle introdui-
soit partout des procès, des divisions, des jalousies,
des querelles et des schismes; enfin, que pour toutes
ces raisons on pouvoit dire que cette société paroissoit
périlleuse en matière de foy, ennemie de la paix de
l'Église, fatale à la religion monastique, et plus née
pour la ruine que pour l'édification des fidèles[1]. »

En 1564, l'Université cita ses ennemis devant le
parlement; malgré les spirituels plaidoyers de Pasquier, alors simple avocat, les Jésuites *furent main-
tenus en la possession d'enseigner*. Cette décision ne fit
qu'accroître la haine de l'Université et du clergé.
Les troubles politiques vinrent interrompre cette importante querelle, et l'on vit même quelques théologiens, dans leur aversion pour Henri III et son successeur, faire alliance avec les jésuites. Mais aussitôt
après l'entrée de Henri IV à Paris, l'Université attaqua ses rivaux, dont les établissemens, entre autres
le collége de Clermont, lui faisaient le plus grand tort.

[1] Félibien, II, 1096.

Le 18 avril 1594, par une délibération unanime,
elle décida qu'elle emploierait tous ses moyens et ses
ressources pour l'expulsion des jésuites ; une taxe fut
imposée sur chacun de ses membres pour reprendre
l'ancien procès intenté contre eux.

Jacques d'Amboise, docteur en médecine, alors
recteur, les accusa « d'être ennemis de la loi salique
et de la maison régnante; il leur reprocha leur attachement au parti espagnol, et rappela leur opposition aux libertés gallicanes. » Les jésuites, qui avaient
eu l'habileté de se ménager des amis jusque dans le
sein de la faculté de théologie, obtinrent son appui;
et demandèrent à l'Université de se désister de son
action et de les incorporer à la compagnie, moyennant toute la soumission due au recteur. Leur
demande fut rejetée et l'affaire portée au parlement, le 12 juillet, où elle fut jugée à huis clos sur
leur requête. Antoine Arnauld, élève de l'Université, qui porta la parole pour elle, les accusa des
maux qui depuis trente ans désolaient la France, et,
suivant l'usage du barreau de son temps, il les ac-
cabla d'injures et leur prodigua les épithètes les plus
insultantes [1]. Louis Dallé, avocat des curés de Paris,

[1] Voyez un livre curieux, intitulé les *Annales des soi-disant
jésuites*, I, 524. — Arnauld refusa ses honoraires. L'Université rendit à l'unanimité le décret suivant : « Ne voulant point
demeurer coupable d'ingratitude, nous avons jugé nécessaire
de consigner dans nos registres un tel bienfait, afin que la mémoire
s'en conserve toujours, et nous avons astreint et astreignons tous
les ordres de la compagnie à se regarder comme obligés envers le-

en même temps en procès avec les jésuites, parla ensuite, et, quoique plus calme qu'Arnauld, il n'en fut pas moins terrible pour ses adversaires. Claude Duret n'osa entreprendre la justification des jésuites, dont il s'était chargé, et les pères furent contraints de présenter leur défense. Ils étaient parvenus à faire appointer l'affaire au grand conseil du roi, lorsque l'attentat de Jean Châtel, élève du collége de Clermont (décembre 1594), vint décider la sentence du parlement qui les bannit du royaume.

« Le coup de Châtel, dit L'Estoile, porta le plus grand préjudice à l'Université, et fit retourner plus de six cents écoliers de toutes les nations qui venaient à Paris, et en fit sortir presque autant d'autres qui y étaient habitués. » Cependant les études prospéraient, grâce au calme qu'avait ramené dans Paris le règne de Henri IV. L'Université se montra alors ce qu'elle aurait toujours dû être, la fille aînée du roi, soumise, fidèle et respectueuse. En 1595, elle ordonna des réjouissances extraordinaires pour célébrer l'absolution que le pape venait enfin d'accorder à Henri; elle était d'autant plus fière de ce grand événement, qu'il était dû en partie à l'un de ses élèves, le célèbre cardinal d'Ossat, ancien professeur

dit sieur Arnauld, ses enfants et descendants, à tous les devoirs auxquels sont obligés de bons clients envers un fidèle patron, et à promettre à ne jamais manquer à ce qui pourra intéresser leur honneur, leur réputation et leur utilité. » Ce décret fut signé du recteur, scellé du grand sceau de l'Université et offert à Antoine Arnauld.

de rhétorique et de philosophie au collége de Lisieux,
à Paris. La faculté de théologie déclara en même
temps « que Henri IV devait être reconnu comme
roi véritable et légitime, qu'il n'était aucunement
loisible à qui que ce soit d'attenter à sa personne,
sous prétexte de religion, de péril de la foi, ou
autres causes quelconques. » Néanmoins le roi se
défiait avec raison de plusieurs docteurs qui exci-
taient en secret le fanatisme. Il fonda, en 1596, à la
Sorbonne, deux chaires de *théologie positive*, qui furent assimilées à celles du collége royal; et dans son
célèbre règlement sur l'Université, il s'occupa avec
un soin tout particulier de la faculté de théologie.
L'article 11 du statut exige de tous ceux qui aspirent
à des grades le serment d'obéissance et de fidélité
aux lois et au roi.

L'édit de Nantes, qui accordait aux protestants le
libre exercice de leur culte, ne fut point approuvé
par l'Université, qui forma opposition, « voulant que
» les écoliers de la religion prétendue réformée fus-
» sent exclus de l'entrée aux colléges de l'Univer-
» sité. » Le parlement refusa de l'enregistrer; mais
le roi ayant été prendre séance dans son sein, toutes
les difficultés furent levées. Ces mesures législatives
n'éteignirent pas la haine que l'on portait aux huguenots. Paris ne renfermait pas de temples protestants:
les religionnaires étaient obligés d'aller entendre le
prêche d'abord à Ablon-sur-Seine, puis à Charenton ;
chaque fois qu'ils sortaient de la ville, leur départ
était, pour une populace fanatique, le signal de mille

outrages. Les écoliers étaient souvent les instruments
dont on se servait ; et les excès à cet égard allèrent
si loin, qu'on fut obligé de dresser, dans la vallée
de Fécan, à l'extrémité du faubourg Saint-Antoine,
une potence pour y pendre le premier qui trou-
blerait le repos public. On a conservé les monuments de ces provocations, faites à une jeunesse déjà
trop turbulente. Dans son curieux journal, L'Estoile
rapporte une de ces proclamations qu'on placar-
dait dans les rues de l'Université ; elle était conçue
en ces termes : « On fait savoir à tous écoliers,
grammairiens, artiens, et autres illustres étudiants
en notre Université lutécienne, qu'ils aient à se trouver aujourd'hui, *post prandium*[1], sur le bord de la
Seine[2], *cum fustibus et armis*, pour s'opposer, *tem-*
pore opportuno[3], aux insolences de la maudite secte
huguenote et abloniste ; faisant défenses à tous, prévôt, lieutenant et autres, d'empêcher ceci, sous peine
d'encourir l'ire de Dieu et du peuple chrétien et catholique. A Paris, le 18 septembre 1605. » La jeunesse des écoles était toujours la même ; dans un
autre endroit, L'Estoile raconte qu'à la foire de Saint-
Germain, théâtre ordinaire des exploits des étudiants,
« un laquais coupa les deux oreilles à un écolier, et
les lui mit dans sa pochette. » Pour venger la victime,

[1] *Après le dîner.*
[2] Sans doute dans le Pré-aux-Clercs.
[3] *Avec armes et bâtons, pour s'opposer en temps opportun.*

ses camarades tuèrent tous les laquais qu'ils rencontrèrent[1].

Sous Louis XIII, l'Université ne joua aucun rôle
politique. Ses priviléges furent confirmés en 1631,
mais ce n'était plus qu'une formalité. Un corps pri-
vilégié, dans toute l'acception du mot, ne pouvait
exister dans une monarchie absolue, surtout lorsque
le véritable roi se nommait Richelieu. Le corps enseignant essaya seulement une fois de faire revivre
les anciennes coutumes; il demanda à siéger aux
états généraux de 1614; ses prétentions furent re-
jetées, et dès lors il n'en fut plus question. Les études
n'en devinrent que plus florissantes. Richelieu, qui
avait des prétentions au bel esprit, encourageait les
gens de lettres et les savants. Il protégea les différentes facultés, surtout celle de théologie, et se fit nommer proviseur de Sorbonne. Aussi, lorsqu'en 1636,
les armées impériales, après avoir envahi la Picardie,
menacèrent la capitale, l'Université reconnaissante
vint offrir à Richelieu un corps de quatre cents soldats, levés et entretenus à ses dépens[2]. Il ne faut pas
oublier que Louis XIII exécuta le projet de son père,
et qu'il ordonna, en 1610, les premiers travaux de la
construction du collége royal de France, sur la place
de Cambrai. Les professeurs, protégés par le bon
Henri[3], le furent également par son fils. Profitant

[1] M. de Gaulle, *Hist. de Paris*, II, 202.

[2] Voltaire, *Hist. du parlement de P* ; ap. 53.

[3] Les professeurs du collége Royal se trouvaient dans une triste
situation, lors de l'entrée de Henri IV à Paris. « Ils firent une dé-

du calme dont elle jouissait, l'Université s'occupa du progrès des études et fit dans son sein de notables améliorations. En 1639, Lebé et Louis Barbedor, syndics de la corporation des écrivains de Paris, fixèrent, par ordre de la compagnie, l'écriture française d'une manière invariable, et en déposèrent des modèles au greffe du parlement. La faculté de théologie montra seule, au milieu du progrès général, un attachement aveugle à la routine. Malgré les efforts de quelques hommes éclairés, entre autres du célèbre Edmond Richer, les maximes ultramontaines avaient de nombreux partisans en Sorbonne. Les anciens règlements n'étaient pas défendus avec une moins grande opiniâtreté. En 1624, trois chimistes, nommés Billon, Bitaut et de Claves, *coupables d'avoir combattu* Aristote, la seule autorité que voulût alors reconnaître la Sorbonne dans la science, furent emprisonnés, puis bannis. L'arrêt qui les condamna, et qui se trouve consigné dans les registres du parlement (le 28 août 1624), « fait défenses à toutes personnes, *sous peine de la vie,* de tenir ni enseigner aucunes maximes

putation à ce prince, qui les reçut avec bonté ; et, après les avoir écoutés, il dit à ceux qui étaient près de lui : « J'aime mieux qu'on diminue de ma dépense et qu'on m'ôte de ma table pour en payer mes lecteurs ; je veux les contenter ; M. de Rosny les paiera. » Les professeurs eurent ordre de se trouver le lendemain chez M. de Sully, qui, après leur avoir fait l'accueil le plus favorable, leur dit : « Les autres vous ont donné du papier, du parchemin et de la cire ; le roi vous a donné sa parole ; et moi je vous donnerai de l'argent. » Saint-Foix, III, 91.

contre les anciens auteurs, ni faire aucunes disputes que celles qui seront préalablement approuvées par les docteurs de la faculté de théologie. »

L'Université ne prit aucune part aux troubles de la Fronde. On ne la voit paraître que dans quelques occasions peu importantes. « Le samedi, 16 janvier 1649, dit un historien, le recteur et tous les suppôts de l'Université vinrent offrir leurs services au parlement, auquel ils présentèrent dix mille livres pour tout le corps[1], et demandèrent d'être conservés dans leurs priviléges; à quoi la cour répondit, par la bouche du premier président, qu'elle acceptait leurs offres, et qu'ils pouvaient compter sur sa protection pour la conservation de leurs priviléges. » La compagnie fit aussi quelques démarches auprès du roi; en 1652, elle envoya demander la mise en liberté du cardinal de Retz, qui venait d'être arrêté par ordre de la cour. Mais, si elle suivit l'opinion publique, elle ne prit jamais l'initiative, et sa haine contre Mazarin ne l'entraîna point au delà des convenances. Le corps enseignant comprenait enfin que ce n'était pas à lui à jouer un rôle dans les affaires de l'État; il n'avait et ne devait avoir d'autre mission que l'enseignement de la jeunesse.

Le règne de Louis XIV fut favorable à l'Université. Mazarin fonda, en mourant (1661), le collége qui porte son nom, et ses successeurs aux affaires accor-

---

[1] C'était pour soutenir la guerre des frondeurs contre la cour et les partisans de Mazarin.

dèrent leur protection au corps enseignant. La créa-
tion des Académies des sciences et des inscriptions, la
construction de l'Observatoire, l'accroissement de la
Bibliothèque royale, les encouragements donnés aux
savants par le grand Colbert, toutes ces belles institutions qui contribuèrent sous Louis XIV aux progrès
des lettres et de la civilisation , ne pouvaient avoir
sur les études qu'une heureuse influence. En 1694,
le roi rendit, au sujet de la faculté de médecine, un
arrêt important. Les médecins de province, qui n'a-
vaient pas été reçus à Paris, voulaient cependant y
exercer, avant d'avoir justifié, par de nouveaux
examens, qu'ils en étaient dignes. Cette prétention
donnait lieu à de violentes contestations. Louis XIV
défendit à tout médecin étranger à l'Université de
Paris d'y exercer, à moins d'être approuvé par elle
ou d'être attaché à la personne du roi ou de la famille royale, et plus de seize ans après, en 1711,
il renouvela cette défense, en accordant aux membres de la faculté de médecine de Paris le privilége
de pouvoir exercer sans obstacle dans toute l'étendue
de la France : « Attendu, porte l'ordonnance, que
ceux qui étudient en médecine dans la capitale, y
trouvant plus de moyens que partout ailleurs de s'instruire dans toutes les parties de la science qui y sont
enseignées par les maîtres les plus habiles, ce serait
inutilement qu'on les obligerait à recommencer de
nouvelles études sous des professeurs parmi lesquels il
s'en rencontrerait rarement d'aussi capables que ceux
dont ils auraient pris les leçons. » Enfin, une ordon-

nance remarquable institua l'enseignement du droit civil, qui avait été prohibé, comme je l'ai dit ailleurs[1], par une bulle du pape Honorius III. Les lettres-patentes sont du mois d'avril 1679 ; elles furent enregistrées au parlement, le 8 mai suivant. « Nous avons cru, y est-il dit, ne pouvoir rien faire de plus avantageux pour le bonheur de nos peuples, que de donner aux gens qui se destinent au ministère de la justice les moyens d'acquérir la doctrine et la capacité nécessaires, en leur imposant la nécessité de s'instruire des principes de la jurisprudence, tant des canons de l'Église et des lois romaines que du droit français ; ayant d'ailleurs reconnu que l'incertitude des jugements, qui est si préjudiciable à la fortune de nos sujets, provient *principalement* de ce que l'étude du droit civil a été presque entièrement négligée depuis plus d'un siècle par toute la France, et que la profession publique en a été discontinuée dans l'Université de Paris. A ces causes, nous ordonnons que dorénavant les leçons publiques du droit romain seront rétablies dans l'Université de Paris et dans toutes les universités de notre royaume où il y a faculté de droit (art. 1 et 2) ; nous ordonnons également que le droit français, contenu dans nos ordonnances et dans nos coutumes, soit publiquement enseigné (art. 14).» Par la même disposition, le roi accorda des distinctions honorifiques aux professeurs en droit, et l'année d'après, dans un nouvel édit, il établit, pour ceux

[1] Voyez ci-dessus, p. 49.

d'entre eux qui auraient professé pendant sept années, une préférence pour la nomination aux bénéfices.

En reconnaissance de ces grands services rendus à la science, l'Université seconda activement le roi dans sa lutte contre la cour de Rome, et elle fit enregistrer solennellement la célèbre déclaration de principes, rédigée par Bossuet, qui consacrait la liberté de l'Église gallicane (1682). Elle prit également part aux éloges que l'on décernait chaque jour à Louis XIV. « En 1684, dit Félibien, le sieur de Pommereu, prévost des marchands et les eschevins, par traité passé avec l'Université de Paris, le 24 juillet, fondèrent un panégyrique à l'honneur du roy Louis-le-Grand, qui serait récité tous les ans, le 15 mai, par le recteur de l'Université, en présence du prévost des marchands et des autres officiers du corps de ville, laquelle, à cette fin, promit de faire payer au receveur de l'Université, tous les ans, quarante louis d'or, valant 440 livres. La fondation fut acceptée par l'Université et homologuée au parlement le 17 aoust 1684. »

L'illustre compagnie fut cependant troublée plus d'une fois, sous ce règne, par de misérables controverses. Je veux parler de la célèbre querelle du jansénisme, qui agita le royaume pendant plus d'un siècle. C'était à tout prendre une continuation de la guerre contre les jésuites ; aussi l'Université se mit-elle aussitôt parmi les ennemis des révérends pères. Je n'entrerai point ici dans les détails de cette ridicule affaire, qui serait complétement oubliée aujourd'hui, si elle n'eût donné naissance à l'un des chefs-d'œuvre de notre langue, les *Provinciales*, de Pascal. Mais elle fut le motif de mille persécutions contre les membres du corps enseignant, *soupçonnés de jansénisme :* le fameux docteur Arnauld et ses partisans furent chassés de la Sorbonne, et le vénérable Rollin lui-même fut destitué des fonctions de principal du collége de Beauvais, à Paris, qu'il exerçait depuis quinze ans (1712). Enfin, les atroces poursuites exécutées contre les protestants, et surtout la protection accordée par le roi aux jésuites, les plus redoutables rivaux de l'Université, portèrent le plus grand préjudice aux intérêts de la compagnie.

Mais elle comptait alors parmi ses membres des hommes d'un rare mérite, les Coffin, les Hersan, les Rollin, qui redoublèrent d'efforts et parvinrent à rendre leurs colléges aussi florissants que ceux des jésuites. Si ceux-ci ont eu d'illustres disciples, il ne faut pas oublier que Pascal, Descartes, Molière, Boileau, ont reçu l'éducation, qui développa leur génie, dans les établissements de l'Université de Paris.

CHAPITRE VIII

Depuis la mort de Louis XIV jusqu'à la révolution française
(1715-1789).

Le régent de France, pendant la minorité de
Louis XV, Philippe d'Orléans, homme d'esprit et de
goût, protégea de tout son pouvoir les savants et les
littérateurs. L'un des premiers actes importants de
son administration fut en faveur de l'Université. Jusqu'à cette époque, l'enseignement n'était pas gratuit,
les écoliers payaient à leurs professeurs une certaine
rétribution. Cet état de choses ne pouvait durer plus
longtemps. Les jésuites, dont les leçons étaient gra-
tuites, en retiraient trop de profit. Pour subvenir aux
frais nécessités par cette amélioration, on résolut de
réunir aux postes du royaume, moyennant une forte
rétribution, les messageries de l'Université, dont j'ai
déjà parlé [1], et qui n'étaient pour la compagnie que
d'un chétif revenu. « La première résolution qui fut
prise, dit Saint-Foix, fut d'assigner aux professeurs
sur le trésor royal une pension de cent mille livres ;
mais M. Coffin, qui étoit alors recteur de l'Univer-

---

[1] Voyez ci-dessus, p. 162 et suiv.

sité, représenta qu'elle ne pouvoit ni renoncer à son
ancien droit sur les messageries, ni accepter un revenu fixe, de peur que si, comme il étoit déjà arrivé,
l'or et l'argent devenoient plus communs, ayant toujours la même somme, elle n'eût pas toujours la
même valeur; qu'il seroit plus équitable de lui donner une partie certaine et détermiuée de l'argent que
les fermiers des postes rendoient annuellement au
roi ; que cette quotité suivroit les temps dans une
juste proportion et produiroit toujours un revenu
suffisant pour l'entretien des professeurs. On suivit
ce projet comme le plus raisonnable, et il fut arrêté
que l'Université auroit le vingt-huitième effectif du
prix du bail général des postes et messageries de
France [1]. » Dès lors, l'instruction fut gratuite dans
l'Université ; les professeurs eurent en même temps
une existence honnête et purent obtenir des pensions
de retraite, après vingt ans d'exercice. L'Université
célébra d'une manière solennelle ce grand événement
(avril 1719). Elle alla en procession entendre le *Te
Deum* à Saint-Roch, qui était déjà l'église paroissiale
de la famille d'Orléans. Le recteur Coffin, dit le spi-
rituel écrivain que je viens de citer, « fit en cette
occasion une infinité de remerciements, de harangues
et de mandements français et latins. Il y en a au roi,
à M. le duc d'Orléans, à M. d'Argenson, à M. Fagon,

---

[1] *Essais hist.*, III, 343. — Quelques auteurs disent cépen-
dant que la réunion des messageries de l'Université aux postes
du royaume eut lieu moyennant une rente de 150,000 livres.

aux premiers présidents du parlement, de la chambre des comptes, de la cour des aides, du grand conseil, à tous les chefs des autres tribunaux, à l'archevêque de Paris, à l'Université, au public. » Rollin lui-même sortit de sa retraite pour adresser au roi et au régent un discours de remercîment, au nom du corps enseignant [1].

Ce ne fut point le seul service rendu aux lettres par le duc d'Orléans. Un arrêté du conseil, du 20 juillet 1721, créa la première école des langues orientales, en introduisant dans quelques colléges l'usage de faire instruire dans cette littérature des jeunes gens qu'on appelait *enfants des langues ou arméniens*, et qu'on employait ensuite dans les relations diplomatiques avec le Levant [2]. Ces heureuses améliorations, si favorables au progrès des études, aidèrent l'Université à soutenir dignement son rang, malgré les efforts des jésuites. Mais la compagnie fut encore troublée par la querelle du jansénisme et l'affaire non moins ridicule de la *bulle Unigenitus*. Ces déplorables controverses, qui

[1] Sa harangue eut un très-grand succès ; et, comme dans la première partie il avait donné un aperçu et un abrégé du plan que suivait l'Université pour l'instruction de la jeunesse, on pria l'orateur de vouloir bien étendre cette partie de son discours, et d'en faire un ouvrage qui ne pourrait manquer d'être utile aux élèves et aux maîtres. Cette délibération prise par la compagnie, le 13 janvier 1720, fut la cause et l'origine du *Traité des études.* — Andrieux, *Notice sur Rollin.*

[2] Félibien, II, 1550. — Il existe encore au collége de Louis-le-Grand une *école de jeunes de langues.*

égayaient fort la partie sensée du public et qui exci-
taient la verve de Voltaire, devinrent la cause de nouvelles persécutions[1]. Le cardinal de Fleury, premier
ministre, fit chasser de la Sorbonne, en une seule année
(1729), plus de cent docteurs ; beaucoup furent exilés ; l'ancien recteur Coffin se vit refuser les sacrements au moment de mourir, parce qu'il passait pour
janséniste. Le vertueux Rollin lui-même ne fut pas
à l'abri de ces tyranniques vexations. On obligea l'U-
niversité à remplacer son respectable recteur par un
sujet plus modéré ; la police envahit plusieurs fois la
petite maison de Rollin, qui écrivait alors son *Histoire
Romaine,* et la fouilla de la *cave au grenier ;* on préten-
dait qu'il avait chez lui une imprimerie clandestine,
qui servait à publier un journal janséniste. Ces indi-
gnes persécutions ne cessèrent que vers la fin du règne
de Louis XV.

L'Université arriva cependant à cette époque à son
plus haut point de splendeur et de prospérité. Le
gouvernement encouragea les efforts du corps enseignant, et les bienfaits de l'instruction commencèrent à se répandre dans le peuple. Enfin, l'abolition
de la société des jésuites rendit à l'Université le pri-
vilège spécial de l'enseignement. Tous ses droits furent confirmés et on défendit à toutes personnes, excepté les pères, mères et tuteurs, d'instruire chez
eux les enfants qui auraient plus de neuf ans. Vingt-

_____

[1] Voyez Voltaire, *Hist. du Parlement,* et Duvernet, *Hist. de
la Sorbonne.*

neuf collèges, dont les revenus étaient presque nuls, furent supprimés et réunis au collège Louis-le-Grand, ancien établissement des jésuites, qui devint le chef-lieu de l'Université. On y transféra les archives de tous les collèges, la bibliothèque de l'Université, la halle au parchemin, et c'est là que siégea le tribunal académique.

Louis XVI fit achever le collège de France et posa là première pierre de l'École actuelle de médecine. Ce bon prince, ami des lettres et partisan sincère du progrès, eût amélioré l'enseignement, et le gouvernement s'occupait à ce sujet d'importantes réformes, lorsque les troubles politiques vinrent suspendre l'effet de ces louables intentions.

Arrivé à la chute de l'ancienne Université de Paris, nous croyons devoir donner quelques détails sur la constitution d'un corps qui eut, pendant sept siècles, tant d'éclat et de puissance. Le poste le plus éminent de l'Université était celui de recteur [1]. Au dix-huitième siècle, ce haut fonctionnaire était élu tous les trois mois, mais on était dans l'usage de continuer le même recteur pendant une année. A chaque élection, et quelquefois dans des circonstances solennelles, l'Université ordonnait une grande procession, connue sous le nom de *Procession du recteur.* J'emprunte au *Dictionnaire historique* de Hurtaut et Magny la description de cette cérémonie, qui cessa en 1789. « Cette procession, qui se fait tous les trois

[1] Voyez ci-dessus, p. 60 et suiv.

mois, et où assiste le corps de l'Université, part du collége Louis-le-Grand dans l'ordre suivant, où chacun est à son rang. Les quatre censeurs sont dans le centre, précédés du courrier de l'Université, guide pour les cérémonies. La croix est portée par un religieux augustin, accompagné de deux religieux du même ordre qui portent les chandeliers. Ils sont suivis par les Cordeliers, les Augustins, les Carmes et les Jacobins; les maîtres ès-arts en robe noire. Les Billettes, les Blancs-Manteaux, ceux de Sainte-Croix, ceux du Val-des-Écoliers, les Trinitaires, les Prémontrés, ceux de Cîteaux, l'ancien ordre de Saint-Bénoît, ceux de Cluny, forment le chœur ; mais comme la plupart de ces ordres ne viennent plus, l'Université a établi douze chantres séculiers qui font le chœur avec six chantres bénédictins de Saint-Martin-des-Champs, qui tiennent à honneur de remplir l'ancien ministère de leur ordre dans cette cérémonie. — Les bacheliers en médecine, en robe noire fourrée herminée, précédés du deuxième appariteur avec sa masse.—Les bacheliers de la faculté de droit, immatriculés dans la faculté des arts, en robe noire et chaperon herminé, précédés du deuxième appariteur avec sa masse. — Les bacheliers en théologie, en robe noire et fourrure, précédés du deuxième appariteur. — Les docteurs régents de la faculté des arts, et les procureurs des quatre Nations, en robe rouge herminée, précédés chacun de leur second appariteur avec leur masse.—Les docteurs ès-droit, en robe rouge et chaperon herminé, précédés de leur premier appariteur, en robe violette fourrée de blanc, avec sa masse. — Les docteurs régents en médecine, en chape et fourrure , précédés de leur premier appariteur, en robe violette fourrée de blanc, avec sa masse. Les docteurs en théologie, en robe noire et fourrée, précédés de leur premier appariteur en robe violette, fourrée de blanc. M. le recteur en robe violette et bonnet carré de même, avec le mantelet royal et l'escarcelle de velours violet, garnie de glands d'or et galons, accompagné du doyen de la faculté de théologie, et précédé des quatre premiers appariteurs de la faculté des arts, avec leurs masses. — Les syndic, greffier et receveur de l'Université suivent immédiatement M. le recteur, en robe rouge herminée. Les avocats, procureurs de l'Université, au parlement et au Châtelet, ont droit de venir à la procession. A la fin de la procession, sont les officiers qui ne sont point obligés par leur état d'avoir aucun degré dans l'Université, savoir : les imprimeurs et libraires jurés, au nombre de douze, compris deux des anciens syndics ou adjoints, les quatre papetiers jurés, les quatre parcheminiers jurés, les deux enlumineurs, les deux relieurs et les deux écrivains jurés. Les grands messagers jurés y assistent, précédés de leur clerc ou héraut revêtu d'une tunique de velours pourpre, parsemée de fleurs de lis d'or.

» Quand la procession arrive au lieu de la station, le corps de l'Université est reçu par le clergé en chape, avec la croix, l'eau bénite et l'encens. Lorsque M. le recteur entre, le clergé l'accompagne jusqu'au chœur.

13

M. le recteur se place au côté droit de la stalle haute,
en face du maître-autel, ayant devant lui les appariteurs de la faculté des arts. Les docteurs en théologie
et en médecine se placent en suite de M. le recteur.
Les bacheliers de ces facultés sont dans les stalles
basses vis-à-vis leurs docteurs. Au côté gauche, les docteurs professeurs de la faculté de droit, les procureurs des quatre *Nations*, les trois grands officiers
de l'Université, et les docteurs régents de la faculté
des arts. Les maîtres ès-arts, qui sont en robe noire,
sont dans les stalles basses. — La messe est célébrée
par le curé de la paroisse s'il est docteur, sinon par
le doyen de la faculté de théologie, qui officie lorsque
la procession va dans les maisons religieuses. Les diacre et sous-diacre sont aussi docteurs. Les religieux
bénédictins de Saint-Martin-des-Champs portent
chape dans le chœur avec le bâton cantoral, et chan-
tent l'office aidés des chantres séculiers de l'Université. Il y a sermon dans l'église de la station par
un docteur en théologie en fourrure, et non ailleurs,
dans les églises de Paris, avant midi. Après la messe,
M. le recteur, suivi des doyens des facultés, des procureurs des quatre *Nations*, des grands officiers et
autres maîtres et suppôts de l'Université, s'approche
de l'autel, du côté de l'évangile, et remercie le
célébrant par un discours latin que prononce un
orateur qu'il choisit, auquel le célébrant répond
aussi par un discours latin ; ensuite la procession re-
tourne au collège Louis-le-Grand, et le corps de
l'Université est reconduit par le clergé avec le

même ordre qu'il a été marqué pour la réception.»

J'ai déjà eu occasion de donner quelques détails
sur les droits et privilèges du recteur[1]. « Sa puissance, dit un écrivain du siècle dernier, est si grande
sur les quatre facultés, qu'il peut faire cesser tous les
actes publics et empêcher de donner des leçons ; et
même, le jour de sa procession, il a ce privilége,
qu'aucun prédicateur ne peut monter en chaire. » Le
recteur présidait le *tribunal académique*[2], qui se tenait
au collége Louis-le-Grand, chef-lieu de l'Université,
le premier samedi de chaque mois. Les membres de
ce tribunal étaient les doyens des facultés de théologie, de droit, de médecine, et les quatre procureurs
des quatre *Nations*, qui composaient la faculté des
arts. Le procureur-syndic de la compagnie, le greffier
et le receveur assistaient aux séances. On y jugeait
toutes les contestations qui s'élevaient entre les suppôts de l'Université, et les appels avaient lieu au parlement. L'Université de Paris avait deux chanceliers,
l'un à Notre-Dame et l'autre à Sainte-Geneviève. Les
conservateurs de ses priviléges apostoliques étaient
les évêques de Beauvais, de Meaux et de Senlis, et le
prévôt de Paris conservateur des priviléges royaux.

Il y avait, ainsi que nous l'avons vu, quatre facultés : celles de théologie, de droit[3], de médecine,

[1] Voyez ci-dessus, pages 60 et suiv. — Le dernier recteur de
l'Université fut M. Binet, l'un des traducteurs d'Horace.

[2] *Ibid.*, p. 89.

[3] « Après vingt ans d'exercice, chaque professeur de la faculté de
droit prend le titre de *comes*, qui ne veut dire autre chose que *comes*

dirigées par des doyens, élus tous les ans; et la
faculté des arts, qui eût dû porter le nom de faculté des lettres. Cette dernière était divisée, comme
je l'ai dit ailleurs [1], en quatre *Nations*, dont le chef
était un procureur; chaque province des quatre Nations avait un doyen, qui était le plus ancien régent.

En 1789, il n'existait plus à Paris que dix colléges
en plein exercice : c'étaient les colléges d'Harcourt
(rue de la Harpe), du cardinal Lemoine (rue Saint-
Victor), de Navarre (rue de la Montagne-Sainte-Geneviève), de Montaigu (rue des Sept-Voies), de Ples-
sis Sorbonne (rue Saint-Jacques), de Lisieux (rue
Saint-Jean-de-Beauvais), de la Marche (rue de la
Montagne-Sainte-Geneviève), des Grassins (rue des
Amandiers), Mazarin (quai Malaquai), et de Louis-
le-Grand (rue Saint-Jacques). Les élèves de ces dix
colléges avaient, à la fin de l'année classique, un concours général. En 1733, M. Legendre, chanoine de
Notre-Dame, auteur de plusieurs ouvrages, légua à
l'Université, pour cette nouvelle institution, une rente
annuelle de 1,900 livres. Les compositions avaient
lieu dans une salle des Jacobins de la rue Saint-Jacques, et la distribution des prix, dont la première
date de 1747, se faisait à la Sorbonne d'une manière

consistorianus, c'est-à-dire conseiller d'État, qualité qui ne se donnerait point en français, et qui cependant lui attribue le droit de se
faire expédier des provisions de conseiller honoraire au Châtelet. »
Hurtaut, IV, 747.

[1] Voyez ci-dessus pages 57 et suiv.

solennelle, en présence du parlement. Dans l'origine, le concours n'existait que pour les classes supérieures ; mais il s'étendit peu à peu jusqu'à la sixième.

L'Université avait droit à la nomination de quatorze bénéfices : les trois cures de Saint-André-des-Arts, de Saint-Côme, de Saint-Germain-le-Vieux, et onze chapellenies. Elle avait sous sa juridiction les imprimeurs et les libraires, ainsi que les *maîtres de pension*, qui prêtaient serment entre les mains du recteur, après avoir subi un examen [1].

Les écoles secondaires, connues sous le nom de *petites écoles*, étaient placées sous l'autorité immédiate du chantre de Notre-Dame, qui exerçait également une juridiction étendue sur les pensionnats de seconde et de troisième classe [2].

Les armes de l'Université de Paris représentaient une main, tenant un livre, entouré de trois fleurs de lis d'or à fond d'azur.

[1] Hurtaut, IV, 6. — En 1789, il y avait à Paris quarante maîtres de pension de *première classe*.

[2] *Ibid.* II, 719. — Voyez aussi l'excellent travail de M. Philibert Pompée, intitulé : *Rapport historique sur les écoles primaires de la ville de Paris, depuis leur origine jusqu'à la loi du 28 juin 1833. 1re partie, 1859.*

CHAPITRE IX.

La nouvelle Université.

L'Université de Paris, formant au milieu de l'État une corporation indépendante, ne pouvait être conservée par le gouvernement révolutionnaire. Sa suppression cependant ne fut point décrétée. Le 3 septembre 1791, l'assemblée constituante décida « qu'il serait établi une instruction publique commune à tous les citoyens, et gratuite à l'égard des parties de l'enseignement indispensable à tous les hommes. » Mais en attendant la discussion du projet, tous les colléges restèrent ouverts. Enfin, M. de Talleyrand exposa un nouveau système d'éducation, qui devait remplacer les différentes Universités du royaume; ce projet, qu'on attribue à l'abbé Desrenaudes, ne fut pas exécuté. L'assemblée législative se borna à former un *comité d'éducation publique* pour correspondre avec les colléges, et plaça les établissements des Universités sous la surveillance des autorités administratives. Au mois de février 1792, la faculté de théologie et le tribunal académique furent supprimés, sur le rapport du représentant Gaudin. Le 19 avril de la même année, l'assemblée ordonna que tous les instituteurs ecclésiastiques seraient obligés de prêter serment à la constitution civile du clergé. Ce décret, en enlevant à l'Université la plupart de ses professeurs, fut le signal de la chute de l'illustre corporation.

Mais il ne s'agissait point seulement de renverser. On attendait avec impatience un plan d'éducation qui remplaçât celui qui n'existait plus. Chaque jour des pétitions étaient adressées à ce sujet aux membres les plus influents de l'assemblée législative. Condorcet présenta enfin sur cette question un rapport remarquable : le budget de l'instruction publique, en France, devait s'élever à près de 29 millions. Ce nouveau projet, bien supérieur à celui de Talleyrand, fut encore ajourné. L'estimable Rabaut Saint Étienne, soutenu par quelques hommes éclairés, fit reprendre à la Convention cette grave discussion ; Marat demanda et obtint la clôture, *afin*, dit-il, *de s'occuper d'objets plus importants* (décembre 1792). L'année suivante, après le procès de l'infortuné Louis XVI, la convention examina différents plans d'éducation publique, entre autres celui de Lepelletier Saint-Fargeau, qui fut lu à la tribune par Robespierre[1].

---

[1] Robespierre était un élève de l'ancienne Université de Paris. On lit dans le recueil des délibérations du bureau du collége Louis-le-Grand le procès-verbal suivant, qui ne manque pas d'intérêt ; il porte la date du 19 juillet 1781 : « Sur le compte-rendu par M. le principal des talents du sieur de Robespierre, boursier du collége d'Arras, lequel est sur le point de terminer son cours d'étude, de sa bonne conduite pendant deux années et de ses succès pendant le

Presque tous étaient inexécutables ; ils furent ajournés. D'ailleurs un grand nombre de conventionnels, comme l'ex-capucin Chabot, se préoccupaient médiocrement de cette grande question. « Il ne s'agit pas, disait Bourdon (de l'Oise), de décréter actuellement un plan d'éducation , mais bien de chasser des colléges l'aristocratie et la barbarie qui y règnent, et d'élever à la place de l'Université des écoles d'arts et de métiers. » La convention supprima, en attendant une nouvelle organisation, les colléges de plein exercice et les facultés.

Au milieu de ce désordre, le *comité d'instruction publique*, composé d'hommes actifs et instruits, La Kanal, Chénier, Fourcroy, etc., s'occupait avec le plus grand zèle des travaux qui lui avaient été confiés, et lorsque la chute de Robespierre et de ses partisans eut ramené le calme, il s'empressa d'encourager les lettres et les sciences. Ce fut une nouvelle ère de civilisation. Pour fournir aux écoles de jeunes et savants professeurs, le comité fit créer à Paris l'école normale (30 octobre 1794). En même temps, la convention, *qui, avec toutes les passions , a eu toutes les grandes idées*, décrétait l'établissement des écoles primaires et centrales , des écoles de droit et de mé-

cours de ses classes, tant aux distributions des prix qu'aux examens de philosophie et de droit, le bureau a unanimement accordé au sieur de Robespierre une gratification de la somme de 600 livres, qui lui sera payée par M. le grand maître du temporel, sur sa quittance. »

decine, de l'école polytechnique, réorganisait l'instruction publique par la loi du 3 brumaire an IV, rendue sur le rapport de M. Daunou, et fondait l'Institut.

Le Directoire n'eut point le temps d'achever les travaux de la convention. Cette gloire était réservée au premier consul. Le 11 floréal an X (1er mai 1802), le corps législatif, sur le rapport du savant Fourcroy, décréta la loi qui organisait, sur de larges bases, l'instruction publique. En moins de deux ans, cette grande machine fut mise en mouvement; partout des écoles s'ouvrirent; près de trente lycées, plus de trois cents collèges s'élevèrent comme par enchantement. Enfin, le 10 mai 1806, Fourcroy, directeur de l'instruction publique, vint proposer au corps législatif la loi organique d'une nouvelle Université. Elle fut décrétée le 17 mars 1808, et au mois de septembre de la même année, Fontanes fut nommé grand-maître de l'Université impériale. Je n'ai eu d'autre but que de raconter l'histoire de l'Université de Paris. Il n'entre point dans mon sujet de décrire ici l'organisation de l'enseignement public en France. J'ajouterai seulement que la constitution donnée par l'empereur est encore à peu près la loi fondamentale de l'Université. Le gouvernement de la restauration y fit peu de changements. Après avoir supprimé la dignité de grand-maître de l'Université, il la rétablit, en 1822, en faveur de M. Frayssinous, évêque d'Hermopolis, et la supprima de nouveau, en 1828. Depuis cette époque, cette partie si importante de l'administration[1] est dirigée par un ministre, qui porte le titre de grand-maître et qui préside le conseil royal de l'instruction publique[2]. Chaque jour de nombreuses améliorations, basées sur l'expérience, viennent donner à l'enseignement une nouvelle vigueur, et la France n'aura bientôt plus rien à envier, sous ce rapport, aux autres nations.

[1] « L'Université n'est autre chose que le gouvernement appliqué à la direction universelle de l'instruction publique, aux colléges des villes comme à ceux de l'État, aux institutions particulières comme aux colléges, aux écoles de campagne comme aux facultés de théologie, de droit et de médecine. L'Université a été élevée sur cette base fondamentale que l'instruction et l'éducation publiques appartiennent à l'État. L'Université a donc le monopole de l'éducation, à peu près comme les tribunaux ont le monopole de la justice, et l'armée celui de la force publique. » M. Royer-Collard, à la chambre des députés, le 25 février 1817.

[2] Voici les noms des ministres de l'instruction publique depuis 1830 : MM. Montalivet, Guizot, Girod (de l'Ain), Pelet (de la Lozère), Salvandy, Parant, Villemain et Cousin.

TABLE

www.ingramcontent.com/pod-product-compliance
Lightning Source LLC
Chambersburg PA
CBHW071952090426
42740CB00011B/1906